如何打造10人以下高效小团队

[英] 西蒙·麦克·罗里 / 著
尹宝莲 / 译

中国友谊出版公司

图书在版编目（CIP）数据

如何打造10人以下高效小团队 / (英) 西蒙·麦克·罗里著；尹宝莲译.— 北京：中国友谊出版公司, 2021.1

书名原文: Wake up and smell the coffee

ISBN 978-7-5057-5082-1

Ⅰ.①如… Ⅱ.①西… ②尹… Ⅲ.①团队管理 Ⅳ.①C936

中国版本图书馆CIP数据核字（2020）第234553号

著作权合同登记号　图字：01-2020-2638

书名	**如何打造 10 人以下高效小团队**
作者	[英] 西蒙·麦克·罗里
译者	尹宝莲
出版	中国友谊出版公司
发行	中国友谊出版公司
经销	北京时代华语国际传媒股份有限公司　010-83670231
印刷	北京盛通印刷股份有限公司
规格	880×1230 毫米　32 开 6 印张　120 千字
版次	2021 年 1 月第 1 版
印次	2021 年 1 月第 1 次印刷
书号	ISBN 978-7-5057-5082-1
定价	48.00 元
地址	北京市朝阳区西坝河南里 17 号楼
邮编	100028
电话	（010）64678009

致 谢

本书是我与全球多个著名团队多年合作下来的产物。在与客户合作的过程中，我经常发现我从客户身上学到的，丝毫不比他们从我这里得到的少。本书的灵感和内容，有很大部分源自团队赋予我的使命和我与他们开诚布公的长期合作。我要感谢他们所有人。

ODD 公司的所有同事为本书的出版做出了不懈努力。我要特别感谢 T.J. 伯恩和米恩·博勒特，在整个项目期间，他们给予我无私的支持与帮助，他们所做的已远远超过其职责范围。

得益于里德出版社 (LID Publishing) 团队的支持，本书才能够顺利出版。无论我提出的问题多么平凡而琐碎，他们都会努力为我答疑解惑。他们不断地鼓励和帮助，让我敢于迎接困难，克服时而涌现的心浮气躁。

我的妹妹埃夫丽尔负责本书的文字校对。尽管为了得到家人的支持，我有时会编出一些离谱的理由，但她总是随时与我保持联系，毫无怨言地支持我——谢谢你，老妹。

最后，我要向我的妻子安杰莉卡表达永远的感谢和爱意。她是我的坚强后盾，一如既往地鼓励我去做我想做的一切，甚至包容我所做的一些错事！

前 言

给为用人而苦恼的10人以下小团队管理者们

20多年来，我曾经在团队教练和团队协调员等多个岗位工作过，为世界各地的团队出谋划策，并逐步积累起深厚的团队指导经验。成为团队教练是件令人兴奋的事情，它可以让我以最快的速度感知到团队的发展动态，洞悉团队和组织在协作中遇到的问题。良好的团队协作分工是提升组织高效运作的必要条件之一。

在20世纪90年代和21世纪的头10年，团队和团队合作其实还并未引起足够的重视。在公司中，有近90%的工作是通过协作来完成的。随着如今的商业环境日益复杂，公司更需要高效的团队分工形式来互相配合完成任务。

组织中的“团队”一词通常是个不太好理解的概念，因为人们对“团队”一词的随意引用，往往容易对团队的含义产生误解。而我对团队的定义是：由少于10人组成，需要协同合作以实现共同目标的群体。为实现共同目标，该群体通常只有一个领导者，且团队成员之间存在高度的相互依赖关系。

然而，我们往往会将部门乃至整个职能机构称为“团队”。以人力资源为例，大型公司里的人力资源部可能由50至100人组成，其中就包括部门和团队这两种形式。而我所说的团队，其实是指部门的下属分支。因此在很多情况下，这些概念往往会与团队概念相互混淆。就其规模而言，很多部门最初是不足10人的小团队，后来逐渐扩大为拥有多个团队的部门，最后发展为具有多个部门的职能机构。但即便其已经发展成了部门或者组织的规模，我们仍然容易习惯性地将其称为“团队”。

团队合作并不是什么高深莫测之事，没有什么神奇的公式或绝招。我坚信，绝大多数团队都不需要外界帮助就能大幅提高自身效率。但要实现这点，我们需要花时间思考“如何做”，而不是“做什么”的问题。我们应采用结构化方式来实现团队效率的提高，同时制定有效方法让团队自我管理，而不是依赖于专家的帮助。要让团队发挥作用，我们就应将团队绩效、业务指标和个人绩效三者紧密结合起来；同时必须意识到，不同团队类型之间存在着差异，因此不应该“一刀切”。

看过这本书，团队的领导者可以有针对性地为团队做出相应的调整和改善，但需要公司制定出团队合作策略，也需要时间复盘并解决本书中提出的问题。

我相信，如果公司按照我在本书中提出的方法来打造10人以下高效小团队，可使团队效率提高至少20%。

目 录

第 3 章　打造 10 人以下高效小团队，做好这 7 点至关重要

第 4 章　4 种经典小团队构成形式

第 5 章　将“团队力”发挥到极致

第 1 章 如何低成本、短时间内打造出 10 人以下高效小团队

第 1 节　90%的公司产出是通过团队来实现的

20 世纪 90 年代到 21 世纪前 10 年，公司管理主流趋势是对人才和“明星员工”的管理及研究，而针对团队的研究却很少，团队中出现的问题也并不是多数公司优先考虑的事项。

根据美国进化生物学家戴维·斯隆·威尔逊（David Sloan Wilson）的观点，团队合作是人类特有的适应能力的具体展现。对人类来说，相互合作是件再自然不过的事情，所以人们会想当然地认为，自己可以轻松胜任工作和生活中与他人的任何协作及分工。

以家庭为例，一个家庭就好比一个团队，我们很快就会发现计划、评估、沟通、清晰目标、信任等在团队理论中经常出现的概念也同样适用于家庭：我们为孩子制订学习计划；做好家庭周预算和月预算；保证冰箱里有食物并做好孩子的膳食安排，同时还不忘记安排好孩子的上学接送事宜；等等。实际上，这些事情都需要以团队的形式合作完成。

而以社交生活为例，如果想约三五个好友聚会，通常我们会提前几天进行规划，与朋友商定时间以及合适的约会地点，甚至过几天还会一起讨论一下这样的约会是否值得再来一次。

然而，当我们在公司面对团队其他成员的时候，却似乎把这种发自本能的团队协作技能抛到了九霄云外。

基于我多年来与许多组织合作积累的经验和观察得出的结论，90%的公司产出是通过团队实现的。如今，组织中各项工作已经高度一体化，几乎难以找到一项任务不是通过某种形式的协作来完成的。如果组织为团队制定了明确的战略并一以贯之，则其效率、生产力和对最终盈利的影响力均可提高10%到20%。

团队的力量

毫无疑问，如果一个团队拥有良好的组织协作能力，这将为个体乃至整个公司带来诸多好处。因此，团队有必要以更认真和专注的方式来处理好团队合作问题。

良好的合作能力带来的诸多好处包括：

效率——良好的团队汇集了各种思想，非常有利于提高解决问题和完成任务的速度。众人拾柴火焰高，和个体独立工作相比，团队可以完成更多的任务，并有利于创造出更高质量的结果。

创新和创造力——得益于团队提供的支持，团队成员更易摆脱思维定式，在成员间良好的竞争和互动中制定出新颖及更具创新力的解决方案。而个体由于没有可以互相商量的成员，更倾向采用求稳方案，即经过实践检验的方法。

团队士气——一般团队在成立之初就会确立共同的目标。良好的团队工作环境能促进成员提升责任感。处于巅峰时期的团队，成员可以一起庆祝，期盼再续辉煌；处于低谷时期的团队，成员可以彼此打气，扬长避短；而处于低谷的个体，则很容易陷入绝望的困境。

风险最低化——团队能增加推进项目的动力，缓解因成员请病假、育儿假以及享受其他假期等造成的影响。对个体而言，出现上述情况很可能会导致项目突然中断。

学习和人才——与独立工作的个体相比，团队会给团员提供大量的学习机会。

第 2 节　团队成员的观念正在发生变化，公司也要顺势做出应对方案

团队成员已从过去追求稳定的工作转变为寻求灵活性的就业

提到兼职工作，许多人可能还想当然地认为兼职无法与全职员工一样获得同等的工作条件和权利。

无论人们是否认同兼职工作，无论兼职工作还存在多少有待解决的问题，比如权利和税收问题等，为了确保赢得最优秀的人才和充足的劳动力，当今的公司不仅要充分利用兼职劳动力，而且还必须制定相应策略，将聘用兼职劳动力与固定职工的模式相互结合。

现在，兼职者人数已经占英国劳动力总数的 16%，这个数字在过去 40 年中翻了一番，并且还在持续攀升。来自美国的数据显示，目前有 1/3 的人从事自由职业，到 21 世纪 20 年代初，这一比例可能会上升至 50% 。

德勤 (Deloitte) 2015 年的一项研究发现，跨国公司有 33% 的员工是兼职，并有 51% 的领导者认为该比例还将继续上升。预计到 2029 年，英国的兼职人数可能达到劳动力总

数的 50%。

有 80%以上的兼职者会选择主动留在愿意为他们提供最佳机会和能够积累经验的公司工作。他们会离开那些未能对日益变化的环境做出积极应对的公司。因为兼职市场、网络平台都会显示兼职者的工作经历，所以兼职者的工作经验描述要足够吸引人，而在大公司工作过的经验则会让他们的履历具有更强的竞争力。

兼职劳动力具有流动性和短暂性的特点，会给公司带来一系列的挑战。除了要思考如何寻找和招募兼职者的问题外，还有更重要的问题应予以解决，即如何让兼职者迅速融入公司，如何激励和留住兼职者，如何提高兼职者的执行力等问题。

整合兼职个体最有效的方法是有意识地建立团队合作的文化。团队必须想办法使兼职者融入常规工作中，让他们产生受欢迎和被需要感。例如，团队可以制定明确的参与规则并分享给新来的兼职者，为他们设定明确的目标和清晰的角色，使他们能快速了解和适应工作岗位，并以最高效的方式发挥其特长。

如何与观念不同的“年轻一代”员工打交道

英国现在约有40%的劳动力出生于1981年至2000年之间。预计到2025年，这一比例将提升至75%。他们已占据劳动力的最大比例，不久将成为各公司的多数领导者，并逐步取代前几代人的核心领导位置。

与前几代人相比，这一代年轻人的性情和工作方式都有许多截然不同之处。

首先，他们拥有与老一代截然不同的心态。他们追求为世界提供更好、更精简和更高效的工作方法。他们想要得到的是指导，而不是监督；想拥有能与领导者、其他同事平等互动的结构关系，而不是受限于一个领导者或传统的小团队。“年轻一代”不仅寻求项目合作，还寻求开放的合作工作环境，以促进交流、分享创意和技能。他们希望领导者能在团队中工作，而不是居高临下地发布指令。他们不像前几代人那样看重“忠诚”这个关键词，很多人希望每2到3年就到新的公司去锻炼和成长，每1到2年就可以接受新的工作岗位或任务的挑战，而不是苦熬3到5年等待升职。“团队的崛起”和团队未来的新型组织形式正是与“年轻一代”追求灵活、高效的工作状态及其职场需求的变化休戚相关的。

其次，老一代倾向于努力适应变革，而“年轻一代”却倾向于推动变革。现在，很多年轻人拒绝传统的等级制度带来的束缚，渴望在灵活性高的岗位上得到锻炼。他们不太关心头衔和地位，崇拜经验丰富和知识渊博的人，而不是有地位和权力的人。这与老一代的想法观念非常不一样。老一代认为他们的角色与权力、地位和传统等级制度的上下级纵向关系密切相关。“年轻一代”不太关心如何融入一种既有的传统等级制度中，他们更感兴趣的是扩大沟通、协作和灵活性。

“年轻一代”排斥完全过时的年度绩效考核。他们的发展依靠的是公平公正和业绩反馈，而不是任期和资历。他们需要的是实时、简要而频繁的反馈。这是从“物联网”衍生出的一种即时满足需求，即时获取各种信息在当今被视为常态。他们不愿等待 12 个月才获得反馈。这种即时反馈最好通过每周的沟通来实现，比如通过聊天论坛、团队视频会议或面对面的会议。

“年轻一代”想要一种目的明确的人际工作关系，这在领导者与其团队成员处于开放和协作的环境而形成的团队文化中是可能的。传统的层次结构则不适合这种类型的沟通。

毫无疑问，“年轻一代”对当今组织的架构影响最大。每个组织都必须找到最合适的方法来适应他们。纵向权力结构时代已经过去。只有一种方法可以满足“年轻一代”的需求，即协同运作和团队合作。公司现在必须接受的事实，搭建起真正意义上以团队为基础的组织。这样，他们才能与这一代人建立起良性的联系与互动。那些现在推动团队改革的企业将吸引并留住更好的人才，获得持续不断的创新和生产力。

根据“年轻一代”的需求，团队应提供：

· 高效、灵活的协作环境；

· 灵活的角色轮换；

· 具有丰富性与灵活性的工作内容；

· 领导者在团队环境中与员工平等工作，而不是居高临下地指挥；

· 即时反馈的能力，满足沟通需求；

· 适合个人需求的个性化培训及指导；

· 公司及时和定期的工作反馈。

能否更好地激活“年轻一代”的执行力与创造力，是团队效能能否大幅度提高的关键因素之一。如果公司未能解决这一问题，在竞争力方面将很容易落后于其他同属性的公司，最终无法吸引和留住所需的新时代人才。

敏捷决策和敏捷的员工队伍是打造高效团队的核心和关键

德勤发布的《全球人力资本趋势报告》连续两年（2016年和2017年）将公司的重新定位视为企业面临的最重要的挑战。在2016年的报告中强调了“新团队的崛起”这一理念，而在2017年的报告中则大胆预测了“未来的公司正在形成”。

那么，我们正在为这些做出什么相应的举措？

有一些团队声称，“他们的工作环境正在发生根本的变化，比如办公桌轮用制、鼓励在家工作等，甚至引入了协同工作空间”。我认为，其中的许多举措与敏捷的执行力、赋权和团队合作并无任何关联，这些措施其实是旨在降低设施投入成本。减少占地面积和固定工作岗位，包括在家工作的模式，此类举措背后的驱动力是降低成本，在大多数情况下与团队文化建设并无任何关系。

尽管在人力资源上的投入正在不断增加，但是绝大多数企业和公司更倾向于把资金都花在新技术的更新换代上，以免落后于其他公司。艾琳·夏皮罗（Eileen Shapiro）在1995年将“追新浪潮”与追求最新管理热潮的行为联系起来，即一种管理理念正在各大公司如火如荼开展之时抽身退出，转而迎头追赶还在预热中的下一波新理念。这对项目领导者来说是一个非常新颖且大胆的观念，但对公司来说却是灾难性的。

其实在没有首先调整公司性质的情况下，采用新技术是徒劳无功的。事实上，这会产生适得其反的效果。

公司的设计组织框架有一套已经培养起来的工作原理。如果只是把技术简单地附加于现有设计之上，实际上是在破坏团队正常的运转。因此，在传统的层级结构中融入新技术，特别是沟通新技术，并不是件好事。这就与试图在降落伞上增加一个发动机，希望能让降落伞改变方向或者改变它的设计初衷是一个道理。

敏捷性是新型公司制胜的法宝。

敏捷决策和敏捷的员工队伍是新型公司能够发展壮大的核心条件。扁平化结构、决策权的下放、团队授权和协作都被视为创建敏捷公司的手段和有效途径，即创建快速响应机制，满足不断变化的客户需求，推动创新以适应新的环境。而现在，这些手段早已被认为是公司生存的必需条件。

除非传统的层级结构得到根本改变，基于团队的团队文化在公司内部不断发展壮大，否则寄希望于通过技术改善实时沟通和协作质量，从而使团队变得更加敏捷的这一想法，最终将变得本末倒置。

如果企业需要协作、创新、敏捷并且可以跨职能的员工队伍，那么就需要起草出新的公司设计蓝图。通过公司结构上的变化，我们才能部署新技术以配合公司的新结构。

了解 CTS 理论，打造最敏捷的团队

组织如何解决这些问题？如何开发高效能团队？即建立敏捷的团队，既能适应全球范围内变化莫测的挑战，又能满足新员工——兼职者和“年轻一代”的需求。

答案就是企业团队战略（CTS）。

企业团队战略是一种独立于所有其他人力资源策略的策略。企业团队战略涉及在组织中部署什么样的团队，如何部署，为何要部署，以及如何对团队提供支持等问题；涉及对各种团队类型——传统型团队、项目型团队、协同工作组和虚拟型团队——之间的差异的理解；还涉及领导者对团队类型的选择。

企业团队战略可以帮助团队进行自我评估和改进；帮助管理者理解什么是良好的团队合作，什么是成功的团队合作。

表 1 列出的是在开发企业团队战略时必须回答的一些问题。如果要建立起基于高效能团队的公司，则必须对此类问题给出清晰而明确的答案。

表 1　制定企业团队战略时需要回答的问题

1. 团队合作对我们的公司有多重要?	11. 团队之间的绩效有差异吗?
2. 员工可一次参与多个团队吗?	12. 公司中是否已有团队体现了理想架构?
3. 我们共有多少个团队?	13. 我们期望什么样的团队工作行为?

（续表）

4. 我们拥有多少种团队类型?	14. 我们如何量化团队的成功?
5. 各团队类型的最佳团队规模是多大?	15. 团队制定出具体的评估方案了吗?
6. 何时部署不同类型的团队?	16. 团队评估和复盘多久进行一次?
7. 我们的团队合作模式是什么?	17. 团队多久评估自己的效率?
8. 我们的团队语言是什么?	18. 团队绩效是否与个人绩效相结合?
9. 我们需要提供哪些资源来支持团队?	19. 我们为团队成员和领导提供了哪些培训?
10. 不同的团队需要什么样的领导?	20. 在需要帮助时，团队会向谁求助?

随着时间的推移，企业团队战略的内容日益丰富和成熟。公司在开发企业团队战略的同时也会对企业文化产生影响。企业文化可简单地描述为“我们的做事方式”，或者也可从员工的常规工作方式中窥见一斑。

成功的团队合作并不容易，这需要努力、坚持不懈和团队彼此间的信任，而且肯定需要精心设计的企业团队战略。但这也不是什么很复杂的事。解决企业团队战略的问题是公司开始重新梳理各个团队的过程，随着时间的推移，这也必然会带动企业文化走向新的高度。

第2章 7个影响团队发展的过时理念

职场团队中有许多约定俗成的观念，它们如何产生，为何在人们心中如此根深蒂固，我们不得而知。但不幸的是，其中多数观念都是不对的，甚至完全是谬论。这些观念歪曲了团队的合作方式，影响了团队的发展。

第 1 节　只有充满欢乐的团队才能成为优秀的团队

在与客户讨论团队建设时，我必然会被问到一个话题，即乐趣的问题。

经常会有客户问我："您公司的团队建设活动有趣吗？"很多客户接下来还会继续说："最好能让团队度过开心的一天——他们如此努力，一直在努力解决问题。这是对他们的一点奖励。"

我之所以被请来帮忙，是因为这个团队想要变得更加高效，所以有很多问题正亟待解决，而不应该是在解决问题的过程中，把主要的时间和精力花在考虑团队成员是否处在充满乐趣的状态中。

因此，组织在购买 IT 培训、销售培训或管理开发课程时，第一个问题不应是“这很有趣吗？”就项目管理培训课程而言，是否有趣并不重要。我们更应关心的是课程内容，即该课程是否能让团队的领导和成员提升相应的能力。

在高效团队中工作可能是种愉快的体验，但并不意味着团队工作就会时时充满快乐。如果团队想要在努力工作之余找一些乐趣，完全可以在晚上出去打场保龄球、来一场五人足球或大吃一顿——这些都是找乐趣的好途径，但不要把它们与发展和维持高效团队所需的艰苦工作混为一谈。

请记住，人们通常不愿为了所谓的“团队建设”活动而放弃自己的个人时间和家庭时间。当公司（出于好意）举行户外活动时，也可能会给团队的一些成员造成压力。并非所有人都喜欢体育活动。很多人会因被要求参加此类活动而倍感尴尬，因为他们不喜欢在同事面前穿休闲装，也不喜欢分享生活中的故事。

在我看来，这种认为团队和团队合作应充满乐趣的观念，源自我们在业余时间参与团队游戏和观看最喜欢的体育团队进行职业比赛时的体验。

这两种活动对我们个人来说都非常有趣，因为这是我们的爱好。从轻松的娱乐中，我们可以获得巨大的快乐与喜悦（当然也包括团队输了时感到悲伤不已）。但是切换到职场场景中时，职业比赛这一套运营模式却并不一定合适。

第 2 节　职场团队可以像体育团队一样高效运转

不要老拿职场团队和体育团队相比较，这种比较毫无意义。我经常看到一些大型公司招募某成功职业球队的经理或教练就团队合作发表激动人心的演说。尽管这些人幽默风趣、声名远扬，但他们无法告诉你普通团队的协作动机，因为这两种团队没有逻辑上的可比性——这完全是两码事。拿职业运动队和职场中的团队来比较毫无意义，两者的运作方式或成功之道截然不同。

以职业足球队为例，请思考表 2 列出的差异。

表 2　职业足球队与职场团队的对比

职业足球队	职场团队
职业球队将 99% 的时间花在练习和规划上，只有 1% 的时间在做事。他们分析对手，做大量的研究，回顾比赛，跟踪球员在比赛和训练中的每个踢球动作及步伐等。	职场团队以行动和任务为导向，不进行练习，实际上大多数职场团队没有充足的时间进行规划和评估。
职业球队的动力来源很多。除金钱（是的，金钱可成为激励因素）外，球员们还可在成千上万崇拜他们的球迷面前一展球技，被球迷们称赞，甚至在出问题时也能得到球迷的支持。	职场团队在工作环境中很少被人关注，很少获得任何形式的外部反馈（除非是负面反馈）。

（续表）

职业足球队	职场团队
球队成员在工作和生活的各方面都受到照顾，配有营养师、医生和理疗师，出门有豪车接送，住宿有酒店。他们不用提交费用报销单，为品牌代言还可获得报酬或昂贵的礼物。他们备受宠爱。	职场团队平常得到的支持很少，有时甚至连安排一间会议室都很难。团队成员使用任何费用都需要完成详尽的流程审批，有时还需要先垫付费用，然后再报销。团队层面很少具有预算控制权，尽管组织公开声称“我们当然信任自己的员工”。
职业球队有明确的目标——例如夺冠——由于经过反复的研究，他们对每场比赛面临的挑战了如指掌，每项挑战的应对战略可细化至个人层面。球队有明确的方法来评估每位球员的表现。	职场团队很少知道他们面对的是什么，必须经常根据挑战实时做出反应。

第 3 节　户外团建活动非常有利于团队建设

如果要组织团队进行一次团队建设活动，大家立刻就会想到户外团建。户外团建活动主要以完成小组实践和挑战为基础，很多人认为这种活动可以培养团队精神和提高团队效率。与这种流行的观点恰好相反，我认为户外团建活动不利于打造高效小团队。

现在户外团建活动的形式可谓五花八门，有些甚至由前特种兵负责管理。活动教练会鼓励每个团队成员平等地参与到这些活动中，团队具有清晰的目标和方向，团建时每个成员的意见都能被听到，并且在这些活动中任何想法都不会被认为太奇怪。随着大家纷纷出谋划策，新想法和新解决方案也会迅速得到团队的认可。

然而返回职场时，现实的情况却是领导者再次强调控制权，成员的意见没有人听取，缺乏明确的目标和权责划分，建议和解决方案遭到抨击，创意被人窃取等问题时有发生。

在这些户外活动中，究竟发生了什么？

这些课程的第一个问题他们是否有能力创造一种期望，

即团队能够更好地合作。我很清楚这些课程都经过精心设计，因为我曾经就是授课老师，每次练习都有明确的目标和精确的指导。对于初学者来说，这并不是职场中的常态。通常，这些练习与团队执行的任何工作任务都没有相似之处。随着时间的推移，任务可能变得更加困难，但多数团队均能成功地完成任务，因为这些任务是为成功完成而设计的。

成功的结果就是团队士气变得异常高昂。团队成员变得精力充沛、干劲十足，想着重返工作岗位后，就可以把在户外团建中打造出来的合作能力完整地运用在工作当中，继而证明自己的效率和实力。然而，当他们重新开始工作时，却发现其实什么都没有改变。如果团队成员回忆起他们在户外活动中配合默契的合作，但无法在工作中实现时，那么挫败感将会迅速上升，结果往往与想要实现的目标背道而驰。团队的效率甚至有可能变得更低，甚至更难以驾驭。

户外活动是个模拟环境。这些任务不仅不是团队的常态，而且发生的条件也不具有代表性。

能在工作中实现高效率的是花时间思考“如何做”而不是“做什么”的团队，并且这类团队总能找到更高效的合作方式。如果能够解决目标和角色清晰、团队规划和评估、适当的领导风格和参与度、冲突管理和绩效认可、沟通和信任等问题，团队不仅会带来更丰硕的成果，还能为高效率创造一个心理安全感更强的环境平台。但所有这一切都应发生在工作场所中，而不是在精彩的户外活动中。

相反，团队发展恰恰是花时间来反思团队“怎么做”的问题，而不是“做什么”的问题。团队发展可以且确实应利用日常的工作时间，这样才更有效。同时在组织任何户外/场外活动之前，应认真思考团队成员及其不同的性情，这样就不会让任何团队成员感到为难或需要为之妥协。

第 4 节　只有业绩不佳的团队才需要考虑团队发展问题

公司在选择团队作为培养或者改造对象时，往往会选择陷入困境或失败的团队。虽然我的工作是为这类团队效力，但我经常要求选择公司中表现最出色的团队。任何团队，无论其级别、组成和资历，都可以比现在表现得更出色。每个团队都有改进的空间，但必须从每天的常规工作中抽出时间来复盘其做事方式。如果我能让表现最出色的团队变得更好，那么我就很清楚自己能为失败的团队做些什么了。

曾经有个世界领先的 500 强品牌，就在我刚刚参与时，公司为我选择了一个受损惨重的小团队。当我问及团队失败的原因时，他们直截了当地告知是领导管理不善导致的问题。如果领导者没有能力胜任其职位，时间拖得越久，团队出现的问题将越多越严重。这就是我经常遇到的“鸵鸟政策”情况。公司明知问题所在，也清楚正确的解决方案，但就是不准备付之于行动，立即撤掉团队领导。

一个团队之所以失败，是因为他们没有解决团队效率的核心问题。毋庸置疑，这是团队领导最为关注的问题。团队依赖于团队领导者来保证此类问题得到及时、妥善的解决。如果团队领导者对此无能为力，实际上他们就无法领导团队。如果团队问题出现在团队成员业绩表现不佳和/或负面消极行为等方面，这仍然涉及领导者处理问题的能力。一个失败的团队，不管出于什么原因，都与领导者或领导者的方法有关。对我来说，这是解决团队问题的第一步。

对于普通的公司而言，团队发展被认为是只有业绩不佳的团队才需要及时解决的事情。但聪明的公司却能意识到，所有团队都需要致力于不断更新和迭代，才能保持长远而持续的发展。请记住，公司中90%的工作是通过协作和不断及时复盘来完成的。未能认识到这点就是战略上的失败，最终肯定会导致整个团队发展失败。

第 5 节　团队应该支持领导者做出的每一个决定

领导者位于金字塔底部，支持金字塔上层的团队，而不是相反，这就是所谓的倒金字塔结构。

这是一个“共济患难”的时刻。领导者为团队提供战略，引领团队发展，而团队每一位成员则负责交付产出、质量和客户满意度。团队领导通过预测团队成员的需求，采取一切措施保证团队所有成员都能顺利完成工作，保证成员秉持一样的信心和信念，从而实现目标。作为团队领导者，您获得成功的唯一方法就是团队获得成功。领导的工作就是想尽各种方法帮助团队扫清所有阻碍团队绩效的障碍。团队越成功，您就越成功。

领导的关键任务之一是组织团队进行自我管理，并尽可能地自我指导。这意味着团队领导者应促进团队内部的协作，同时也要敢于给团队的个体成员放权。还有一种相反的方法，即领导者对所有事情都亲力亲为，而团队其他成员则在一旁袖手旁观。

摩托罗拉（Motorola）在其鼎盛时期贯彻的就是这一原

则。该公司领导者认为制造工厂中最重要的人是操作员，称之为“直接劳动力”。这些团队成员制造产品，为公司创造财富。而经理和领导者被称为“间接劳动力”，并被视为成本中心和管理费用。他们不是在创造财富，而是在消费财富。在20世纪80年代，我担任了摩托罗拉的人力资源经理职务，我的工作就是要保证劳动力中必须有80%是直接劳动力（财富创造者），只有20%是间接劳动力（管理费用）。

间接劳动力的指导原则之一，是确保操作员创造财富的能力不受任何形式的阻碍。在我看来，这应是每个团队领导的当务之急：如何确保团队以最大效能运作？我作为间接劳动力，有解决直接劳动力在工作中出现问题的能力吗？如何帮助每个团队成员顺利完成工作？

是团队领导者支持团队，而不是反过来。团队领导者获得成功的唯一途径就是团队首先获得成功。领导者位于团队支持倒金字塔结构的底部 。这适用于公司中的各级领导者，包括CEO。

第 6 节　冲突很容易导致团队出现问题

其实冲突不是问题，真正的问题是处理冲突的方法。在团队中，冲突必不可少，在某些环节中还是迸发出创新源泉的途径之一。想象一下，如果一个团队不争论、不辩论、没有想法，怎么有可能去创新，找到更好的做事方法，或解决问题和战胜失败呢？如果没有冲突和随之不断的复盘与讨论，团队又如何达到相互交流与学习的目的呢？

在管理冲突的时候，领导者应就事论事，绝不应该把冲突转移到个人身上。领导者应该充当起协调员的角色，鼓励大家各抒己见，并及时解决所有分歧和争论，从而带动团队整体向前发展。如果您的团队一团和气，则最好激发大家畅所欲言、各抒己见，让大家谈论不同的做事方法，集思广益。领导者应稍微激发一下团队据理力争的氛围，否则这支队伍将一事无成。

我最近在伦敦与一个自称从来没有发生过“冲突”的团队合作。这是一个分析团队，为企业提供重要的数据分析和支持工作。团队成员都是博士，他们信仰理性、逻辑和数据，他们认为冲突是不专业和没有必要的。

他们极不情愿，表示团队没有任何问题。但我还是坚持让他们重点围绕“冲突”来展开话题。我作为一个旁观者，可以很明显地感受到这个团队在心理安全问题上明显缺乏共识，在刚才的几个小时内也表现如此。

最后，他们终于开始了讨论，犹如抽丝剥茧，找到了团队问题的症结：团队内部确实没有问题，但团队与公司里的其他部门之间却存在严重问题——其他部门并不满意该团队通过数据分析传达出来的信息。因此，他们有时觉得自己用辛勤的汗水换来的劳动果实，反而遭到了其他同事的轻视和嘲笑。在这种情况下，他们的心理安全受到了严重损害，却没有相应的处理策略。如果这个问题得不到解决，他们很有可能会降低传递给他人的信息数据量，最终会对业务造成很大的负面影响。

经过推心置腹的讨论后，他们想出了在这种情况下应该如何有效互相支持的策略。会议结束后，他们心情舒畅、充满自信，因为他们现在已经掌握了如何正确、有效地为其他同事传递信息数据的方法。如果没有争论和探讨，解决的方法就不能被及时发现，公司和团队也将持续遭受负面后果。

团结和谐固然很好，但因为解决问题而产生冲突也是在所难免的事情。真正的关键在于选择解决冲突的处理方式，这决定了团队发展是走向积极还是消极。想要找到正确的解决冲突的方式，就需要团队一起制定参与、规划和评估规则。是的，这意味着您要思考的是“如何做”的问题，而不仅是团队“要做什么”的问题。

第 7 节　高层领导应该亲力亲为解决团队运营产生的问题

组织的领导者都会坦诚地说出他们的团队理念，有许多组织还将团队合作视为核心价值观之一。

可一旦深入研究，就会发现理想与现实之间存在着差距。多数组织的领导者都不清楚他们目前正在运作的团队数量，也不清楚自己拥有的团队类型（传统型团队、项目型团队、协同工作组和虚拟型团队）的数量。很少人能意识到团队类型不同，其需要的招聘途径和成员构成也不相同。所有的团队类型都有各自的优缺点，面临的挑战也不同。然而，目前却还没有应对这些差异的策略，既没有为团队制定最低标准，也没有制定任何指标来衡量组织中团队成功所必需的要素。个人绩效管理和团队绩效的契合点在哪里？如果团队需要支持，那么他们应该向谁求助？

团队必须被赋予执行权并履行职责。通常情况下，这是高级领导所厌恶的，因为这意味着他们要将控制权交给团队。尽管他们已从底层一步步晋升至高层，也曾经经常抱怨这种不放权的现象，但他们仍会重蹈覆辙，从而对相关团队造成伤害。如果团队完成不了任务，则是团队的错误，这是领导者解释其行为的正当理由。这个问题源自最高层，而且变本加厉地渗透到了整个组织中。

更糟糕的是“长臂猿”现象。这是指高层领导借机插手位于其下的二级、三级甚至四级结构中的团队问题。首席执行官在公司日常运作中发现问题时，高层领导不通报给主管该团队的直接下属，而是亲自解决问题。

这会造成两个直接性和破坏性的影响。第一，完全破坏了直接报告体系，长此以往，如果团队知道CEO会插手管理，就会坐以待毙。第二，更重要的是，这会带来更具破坏性的恶性循环。如果大家都知道高层领导会插手干预，那么各级团队领导就会搜集信息，认真检查其团队做出的所有决策并干预最基本的决策，因为他们不想让更高层的领导者冷不防地介入。这就意味着各团队成员会就任何决策责任相互推诿，因为他们知道所有决策都需经上级领导的检查，且许多决策都会被否决。这样，团队能力再次受到领导的质疑，领导也进一步强化其应该干预公司日常行为的理由。这种情况也时常发生在较低的层次结构中。

当一个团队失败或陷入困境时，第一个问题应该是：各级领导者或其上级领导是问题的根源吗？

尽管嘴上说得好听，但事实是公司高层领导并不是团队合作的拥护者。在许多情况下，他们自身的不足和其下属的高效团队带来的威胁感，会使他们做出一些非常消极的行为，从而对团队的可持续发展产生反作用。所以，高层领导必须认真审视自己的行为，并及时清除这样的行为。

第 3 章 打造 10 人以下高效小团队，做好这 7 点至关重要

就团队合作而言，有 7 个重要的热点话题值得所有人去思考和理解，并应该纳入团队发展战略中。

第 1 节　把团队人数控制在 10 人以下，做到扁平化高效管理

团队规模对一个团队的长远发展至关重要。但多年来，团队规模带来的问题却一直争议不断。这似乎一直是被公司忽视的问题，或者说至少未引起足够的重视。

大量数据表明，团队规模会对职场中的团队效率造成很大的影响。目前，全球管理机构尚未对团队应该保持多少人数最合适这一话题达成共识，但从大量数据研究中可以发现，团队规模的可接受范围为 3 至 12 人。衡量团队规模的基本原则是成员人数不超过两位数，多数研究也支持这一观点。这并不是说 20 多人的工作场所中找不到所谓的团队。事实上，这并不是团队，而是团体，这些大型团体可能包含两个或更多的团队。

团队规模问题与团队的定义以及我们对这一“术语”的

运用和理解方式密切相关。该术语似乎包含所有的团体，如财务团队或人力资源团队，在某些情况下，甚至指代了整个公司。这些较大型的组织被称为团队是错误的。实际上，它是由许多团队构成的。

“团队”一词仅限指代真正的团队。根据定义，团队应是指：通常由少于 10 人组成，需要协同合作以实现共同目标的群体。为实现共同目标，该群体通常只有一位领导者，且团队成员之间存在高度的相互依赖关系。

很多专家提倡的团队规模甚至比 10 人还要小得多。世界著名的团队研究专家梅雷迪思 · 贝尔滨 (Meredith Belbin) 博士认为，理想的团队规模是 4 人，6 人也是较好的选择。在其著作中，贝尔滨明确指出，团队规模一旦超过此类数量，则会导致冗余感，团队成员就不会那么投入。他还认为，偶数有助于共识决策的达成，并最大限度地减少决定性投票涉及的问题，同时降低分帮结派的发展倾向。其他人则推崇人数为奇数，这说明即使在团队人数无法平分的情况下，决策同样可以得到改善。

亚马逊创始人兼首席执行官杰夫 · 贝索斯（Jeff Bezos）

以提出“双比萨团队法则”而闻名。贝索斯把比萨的数量当作衡量团队规模的标准。如果两个比萨不足以喂饱一个团队，那么这个团队则过于庞大。早在1970年，理查德·哈克曼（Richard Hackman）和尼尔·维德马（Neil Vidmar）共同进行过一项研究，该研究表明理想的团队规模是4.6人。在哈克曼的后期著作以及对其著作的采访中，他阐述道，“团队规模过大是有效协作最常见和最大的障碍”。

如果团队规模达到两位数以上，还会产生许多其他实际问题，比如社会懈怠、认知限制和沟通消耗等。这些问题不仅会导致大型团队分裂成若干子团队，从而不可避免地出现小集团现象，还会降低效率和损害人际关系。

社会懈怠：社会懈怠由法国农业工程师马克西米利安·林格尔曼（Maximilien Ringelmann）于19世纪60年代首次提出。林格尔曼发现拉绳索的人越多，每人的出力反而越少。工作团队亦是如此。较大的团队会出现责任感松懈，人们感觉责任感减少，从而形成社会懈怠。动机也会受到影响，因为人们倾向于认为其他人会弥补这种懈怠，从而减少努力程度。较大型的团队始终包含滥竽充数者，这可能会对所有相关人员产生非常不利的影响。因为这根本不能充分利用人力资源。社会懈怠是应该严格控制团队人数的真正原因。

认知限制：英国人类学家和进化心理学家罗宾·邓巴（Robin Dunbar）为团队人数限制提供了进一步的证据。他研究了人类新皮质占比与群体人数之间的关系。他认为任何人可保持稳定关系的人数是有限的，而且该数量是相关新皮层占比的直接函数。最重要的是，虽然和其他物种相比，我们可以形成更多的稳定人际关系，但同样存在数量的限制。一旦数量变为两位数，这些关系的维持将变得越来越困难，对时间的需求和对维护关系的努力会影响人们的工作效率。

沟通消耗：团队中的成员越多，就需要越多的沟通渠道来保持团队的信息畅通。如果一个5人团队需要10次对话才能充分沟通和了解情况，那么10人团队的对话次数可能上升至45次，而14人团队则可能上升到91次。如果你不相信我，请用下面的公式计算一下：

$$[n \times (n-1)]/2$$

该公式是指团队人数乘以团队人数减1的得数，再除以2，得出对话次数。下文图1显示，随着团队成员的增加，所需的沟通渠道会呈指数级增长。这意味着如果团队成员无法获得充足的信息，就无法充分发挥作用。一天的时间就只有那么多，团队越大，沟通所需的时间就越多，越不利于任务的完成。毫无疑问，让团队规模保持在个位数是绝对必要的。

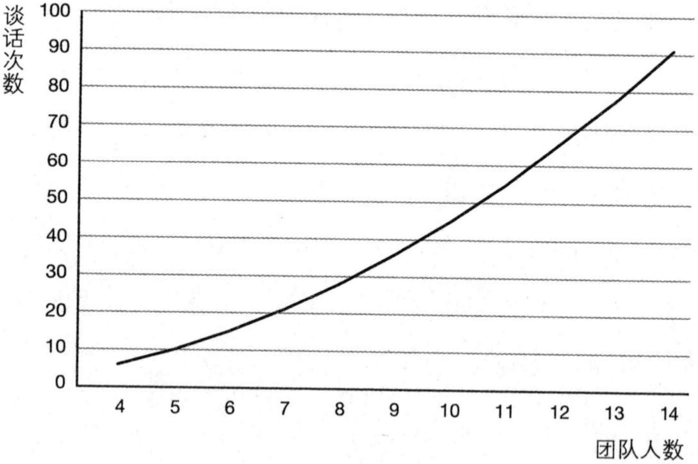

图1　团队成员人数与谈话次数的关系

管理者往往认为团队越大越好，因为这是应对旷工问题的应急策略。首席执行官们尤其喜欢过度配置他们的高层团队，因为他们怕遭到排斥，或者出于政治原因，认为他们拥有的直接报告越多，能控制的信息就越多。韦格曼、伯鲁斯和哈克曼在《人到高层》（*Senior Leadership Teams*，2008年）一书中分析了100多个高级管理团队，发现仅有10%的团队能够就团队实际人数达成一致。多数团队还经常在诸如“谁应在团队中”，甚至“谁应加入团队或把谁从团队中去除”的问题上存在争议。如果连团队的正确组成都无法确定，那又能指望实现什么目标呢？

第 2 节　最大限度地发挥员工的才能

在心理安全感强的团队中，团队成员不会因畅所欲言、表达新想法、公开探索改进团队或公司的新方法而感到有所顾虑。团队成员享有平等的发言机会，积极出谋划策，且不会受到批评和嘲讽。心理安全感强的团队消除了团队成员的自我保护和印象管理的需求。

在一些心理安全感弱的（或许多）团队中，提问往往会让团队成员显得自己很无知，承认弱点显得无能，提出想法则是对其他人的干扰，批评现状显得消极，等等。在这样的环境中，最好是保持安静和沉默。个体通过印象管理保护自己，让团队整体效率大大降低。

近几年里，谷歌专注于建设完美团队，并得出结论：无论团队的组成如何，心理安全感是高效团队的首要特征。谷歌发现，高效团队合作的本质是团队如何在一起工作，即如何遵守团队行为规范。谷歌确定了 5 个关键要素，其中心理安全是第一要素。如今，谷歌的研究发现已广为人知，谷歌对团队改革的关注，让心理安全成为当今热门话题的重要原因之一。

20 世纪 60 年代，著名学者埃德加 · 沙因 (组织文化) 和沃伦·本尼斯(领导力研究)首次探索了“心理安全”这一概念。他们认为，心理安全对于提高人们的安全感和适应公司挑战的能力非常重要。沙因后来指出，心理安全可帮助个体克服在与期望相悖的情况下产生的防御和焦虑心理，使他们能专注于集体目标和问题解决上，而不是选择过度的自我保护。

1990 年，威廉 · 卡恩 (William Kahn) 首次给出“员工敬业度”定义，认为心理安全感会影响个人在“角色表现”中的投入，“在生理上、认知上和情感上身体力行地完成自己的工作，并有表现‘自我’的意愿，而不是‘退缩和捍卫个人自我’”。

这个观点，早在库尔特 · 勒温 (Kurt Lewin) 关于群体动力学的著作中就已经为人所知。从那时起，进化心理学的原理就被应用到群体动力学中。

将这一概念引入主流的当代行为科学家中，最著名的恐怕要数哈佛大学的艾米·埃德蒙森 (Amy Edmondson) 教授了。自 20 世纪 90 年代中期以来，她一直就这一主题进行研究和理论著述。她在 TEDx 讲座（2014）中对团队心理安全进行了简明扼要的总结。

埃德蒙森将心理安全定义为“团队成员有信心不会因为提出想法、问题、顾虑或错误而遭受惩罚或羞辱”。她进一步指出，团队任务和环境中的不确定性和相互依赖程度越大，心理安全的需求就越大。

心理安全——先有鸡还是先有蛋?

目前，各方专家一致认为，心理安全是高效团队合作的关键点。虽然他们承认还需要其他要素，但他们认为心理安全是重中之重。最著名的心理安全论述来自埃德蒙森和谷歌，他们为心理安全感的建立提出了建议和步骤。埃德蒙森将步骤确定为:

1. 把工作定义为学习问题，而不是执行问题——从小步骤的快速学习逐渐转为规模化学习。

2. 承认自己作为团队领导者的错误 ——认识到不确定性，一人不可能得到所有答案，因此团队的每位成员都需要参与发言。

3. 通过提出许多问题来塑造好奇心——领导者在树立榜

样时至关重要。

埃德蒙森运用X轴和Y轴描述了心理安全问题，X轴是心理安全感，而Y轴是动机和责任。根据X轴和Y轴构成的四个象限，他认为高绩效团队应同等关注心理安全、动机和责任等问题。

谷歌虽然深受埃德蒙森的影响，并在其理论基础上建立了一个五步骤模型：

1. 心理安全感——团队成员感到安全，敢冒险且不会感到不安或难堪。

2. 可靠性—— 团队成员能准时完成工作，达到谷歌的高标准。

3. 结构和清晰度——角色、计划和目标清晰明确。

4. 意义——工作对团队成员来说意义重大。

5. 影响——团队成员认为自己的工作很重要并会带来改变。

在《肿瘤学实践杂志》(*The Journal of Oncology Practice*)发表的一篇题为《提高癌症护理中的团队合作：心理安全在团队沟通中的作用》（“Moving Toward Improved

Teamwork in Cancer Care: The Role of Psychological Safety in Team Communication”，2016）的文章中，作者指出：“我们关注心理安全，因为越来越多的组织和团队研究表明，心理安全是有效沟通和团队合作的关键起点。”

毫无疑问，当前的理念认为心理安全是第一要务，这就是我们的出发点。

我同意心理安全很重要，但是否是团队合作的出发点则尚待商榷。团队合作是个复杂的过程，高效团队合作需要付出时间和努力。如果团队经常反思“如何做”的问题，并解决高效团队的12个主题，则会通过建立高心理安全环境来实现高效。所有12个主题对团队效率至关重要，对心理安全感的建立也同样至关重要。这12个主题将在本章之后深入研究，即

- 目标和角色清晰；
- 领导行为和参与；
- 承诺和沟通；
- 规划和评估；

· 认可和冲突；

· 组成和组织。

第 3 节　团队日常性复盘这样做才更有效

反思性是职场团队中的流行语。在团队语境下，反思性是指团队共同对团队目标、战略和流程以及所处环境进行反思并做出相应变化，或者是指作为团队学习必不可少的有意识性反思过程。总之，团队需要从日常工作中抽出时间来思考和讨论 “做什么”与“如何做”的问题。在这个过程中，我认为“如何做”的问题最为关键。

大家一致认为，善于反思并能定期进行复盘的团队具有更好的协调性和更高效的执行力，更易相互理解和交流信息。他们对自己的行为有共同的期望，更易保持一致和相互及时沟通，并减少误解。反思性团队更富有创新性和高效性。

席佩斯（Schippers）等人在 2015 年发表在《管理学期刊》（*The Journal of Management*）上的一篇论文中指出，工作量和反思性之间存在因果关系，在团队内部两者的水平越高，创新水平就越高。

所有证据均表明团队反思性的重要性。如果一个团队不尽力了解理想和当前现实之间的差距，那么不可能取得进步。

为什么大多数团队未花时间去研究这种高效团队合作的重要因素呢？事实上，在我接触过的团队中，多数团队在日常工作中很少或从未思考“做什么”和“如何做”的问题。

表 3　基于团队类型的反思性计划

团队类型	描述	最低反思安排
传统型团队	在人力资源、销售或财务团队中，以职能为导向，时间越久越稳定	每季度 2 到 4 小时
项日型团队	解决问题、创新，以变革为导向，具有短期性和跨职能性	每两周 30 分钟到 1 小时
协同工作组	职能保持不变，组成 / 成员不断变化	每季度 4 到 8 小时
虚拟型团队	可能以传统型团队或项目型团队为基础，但很少是协同工作组性质，团队成员通常分布在各地，很少面对面接触	每月 1 到 2 小时

工作量要求越高，对新的和改进过的工作方法的需求就越高。如果不定期抽出时间复盘，团队就不能期望创新和提高效率。在工作负荷过高或持续应对高工作负载需求时，沟

通不善的团队会遭受更大的损失。过高的工作量很容易阻碍创新，不过可以通过反思和复盘来解决这个问题。

反思过程需要强有力的领导力和纪律，需要心理安全感强的工作环境。因为我们需要鼓励团队成员畅所欲言，让大家相信任何想法都不是荒谬的，所有团队成员享有平等的发言机会。最重要的是，团队应鼓励沉默寡言的成员在会议上发言和表达意见。这是在学习，也是在集思广益和尊重个人意见，并且还是增进集体智慧的过程。

如果领导者不倾听或反思他人和团队对团队运营情况的共同看法，实际上是在将团队成员拒之门外。在这种情况下，领导者自认为团队成员不愿做出贡献和合作，但事实上是领导者阻止了他们的参与。

通过反思，团队可有效做出改变和创新，但复盘必须是有意识和有组织的过程，并应定期为团队提供时间和空间进行复盘。在艰难而充满挑战的时代，复盘必不可少。公司需要确保反思性实践是所有团队规定和公认的流程，应给予与绩效管理和其他人力资源实践同等的重视。这是非常有意义的，时间付出相对较少，而回报却相当大。

第 4 节　团队评估要合理且全面

企业生产力协会（Enterprise Productivity Association）在 2016 年表示，在接受调查的 244 家美国公司中，67％的公司正在反思其绩效管理。那种可怕的年度考核，即对员工在过去 12 个月内实现一系列目标的个人表现进行的“鉴定”或“评估”，可能很快将退出历史的舞台。2015 年 4 月，《哈佛商业评论》（*Harvard Business Review*）发表了一篇长达 10 页的文章，题为《重构绩效管理》（“Reinventing Performance Management”）。即使是 GE——“强制排名”和绩效评级“钟形曲线”的最初倡导者，也开始彻底改革其绩效评估方法，并尝试管理和评估绩效的新方法。这些大型组织正在放弃绩效评估，意味着他们在处理员工绩效方面取得了突破。

变革之风无疑正在刮起，人员评估领域更是如此。绩效评估（performance appraisal，PA）最终被视为毫无意义，正在迅速被淘汰。

“年轻一代”和兼职工作是推动评估手段变革的因素。

现在需要的应是实时、简要而频繁的评估。让我惊讶的是，进行团队评估的公司很少，也很少有公司能够明白为何某个团队会胜过另一团队。如前所述，高绩效团队屈指可数。据估计，仅有10％的团队可真正被视为高绩效团队，而高达40％的团队职能失调，不利于员工的工作体验，应被解散或者至少需要认真进行重新配置。其余50％的团队也表现平平，从未给公司带来超出目标计划的盈利。由于90%的产出是通过团队完成的，公司必须认识到团队评估和衡量的绝对必要性。

在每个公司中，有的团队显然极为成功，而有些团队却举步维艰。我们需要研究这些案例，了解团队成败的特征和原因。这也可为组织中的所有团队制定出一套标准的指导原则，例如团队使命和价值观的培养、团队运作原则、团队规划和评估以及团队流程等。

表4　企业团队战略的建议评估

战略目标	评估	影响
财务业绩	关键财务指标	财务和生产力
成本节约	目标成本降低	财务和生产力

（续表）

战略目标	评估	影响
缺勤率	规定范围	财务和生产力
人员减少 / 保留	规定范围	财务和生产力
绩效管理	目标按时完成百分比，实时设定目标，提高个人和团队目标达成率	士气、动机和生产力
客户满意度	规定范围	财务和客户保留
跨职能合作	员工调查、焦点小组或定制调查	财务、生产力、士气和动机
培训验证	在公认的评估或任何上述评估中提高团队分数	财务、培训 ROI 和生产力

稳健的团队评估工具的引入，可帮助领导者获得更多的信息统计数据，从而极大地保证公司和团队的有效执行。此类统计数据通常包括：

· 公司特定的规范数据：这可以给团队绩效带来持续的上行压力，因为低于公司标准的团队将无法否认这些统计数据。

· 最佳团队规模：将任何具体的衡量标准（通常是财务绩效）与团队评估工具相结合，可确定最佳团队规模。

· 培训验证：将有助于理解培训是否对团队建设带来

影响。

·领导力分析：可利用强大的团队评估工具来识别特定团队的最有效领导者。这将对领导力培训和发展计划及其设计、招聘和人才管理带来影响。

·培训需求分析：将团队评估工具融入团队规划战略中，可提高团队领导者和团队成员的培训需求分析的准确性。

该表未详尽列出所有数据，仅展示了企业团队战略和稳健的团队工具可能实现的目标。

导致评估方法改变的因素很多。与个人评估相比，兼职、“年轻一代”、团队的崛起、新组织以及绩效评估的淘汰都是团队评估的必要条件。

第 5 节　制定更多元化的团队战略方针

我们生活和工作在多元文化和多民族的社会中，多样性和包容性已成为许多公司的首要议程。关于多元化、包容性的影响和益处的研究颇多。根据美国的主要人力资源从业者专业机构——人力资源管理协会（Society for Human Resource Management）——的数据，55%的公司是多元化和包容性的重要推动者，42%的多元化和包容性项目由 CEO 及 C 级高管提倡或牵头。现在人们普遍认为，就股本回报率和税前利润 (EBIT) 方面来说，提倡多元化和包容性战略的企业将优于竞争对手。具备多元化和包容性的公司更具有创新性，创造更优秀的雇主品牌形象，从而更有效地吸引和留住人才，吸引更多的客户和供应商群体。

然而，管理层和董事会中仍有女性比例不足的情况，薪酬方面也存在巨大的性别差距，而且令人沮丧的是，仍然有高级领导团队无法代表他们所领导的公司。有的董事会和高管团队仍然主要由中年男性组成。在全球范围内，女性仅占 C 级高管成员的 20%。真正的多样性还未实现。

多样性和包容性通常被定义为相同的概念。然而，这是两个截然不同的问题，未能对两个概念分开思考，可能是我们不能取得应有进步的原因所在。在我看来，组织现在更注重多样性，但忽略了包容性问题。我们需要平等地关注这两方面，才能从中获益。

在许多方面，当提到包容时，我们谈论的是共同的礼仪、尊重、接受、倾听、重视个人和良好的人际关系。不管是多样性还是高效团队合作，这些其实并不是最重要的。

我所说的包容性，是指以一种对个人和公司均有益的方式，将不同的劳动力聚集在一起并加以利用。包容性体现了多样性，为员工（无论他们在公司中具有什么样的特征或水平）提供具有参与性、互相尊重和沟通的文化。

多元化和包容性的好处不仅适用于整个公司，也适用于整个团队。一个团队都可视为一个迷你组织，组织最终是个团队网络。从整体公司角度来看，制定全面的企业团队战略，是实现多元化和包容性战略非常有效的手段。

到 2025 年，“年轻一代”将占据英国劳动力总数的 75%，他们对多元化和包容性的看法与老一代截然不同。对于“年轻一代”来说，多样性是个既定目标，他们旨在融入一个包容性、协作性强的环境中，能与有不同想法、观点和态度的人进行交流。他们希望自己的想法和意见被人接纳，能很好地融入公司中，并坚信这些多元化和包容性可以创造价值。

第 6 节　促使团队成员更积极、主动地达成目标

不要再老调重弹，士气和动机怎么可能仍是现在团队关注的话题呢？话虽如此，我还是要说说这个话题。

实际上，在我主持的每次团队促进会议中，团队的士气和动机往往都会成为讨论主题。

事实上，很多人很难告诉我他们的士气和动机来源，因为大家对这两个概念缺乏共同的理解和定义，这给想解决士气或动机问题的团队造成了很大的麻烦。

团队决定采取行动时，每个成员会根据自己对士气或动机的理解产生不同的期望。如果团队对这两个概念的定义不明确，则可能造成将解决动机的问题误解为解决士气的问题，反之也一样，从而导致最终结果不尽人意。而团队却不清楚问题到底出在哪里，只是肤浅地认为目标可能出现了问题。

我们必须理解士气和动机不能替他人“完成”。人们可创造条件让个体体验士气，同时可以激发动机。每人体会到的士气和动机的程度也是千差万别，这取决于不同的年龄、志向和为生存而工作或为工作而生活的人生哲理。要知道，

并非所有人的满足感都来自工作。

以下是我对这两个概念的定义。

士气

士气是指个体或团体对手头工作或任务的心理和情绪状态（如热情、信心或忠诚）。这是一个群体的共同感觉。

士气也可称为团队精神（最合适的同义词）——基于诸如目标感和对未来的信心等因素的个体心理。团队精神体现了对当前团队归属感的渴望。

士气是一种体验状态。基于周围的环境，一个团体或个体可能体会到良好、一般或低落的士气。

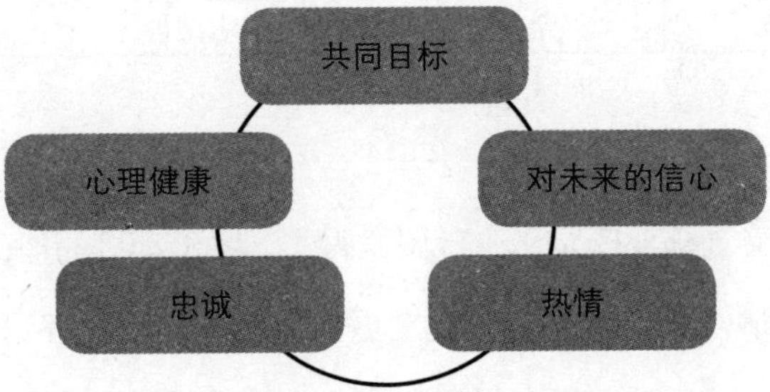

图 2　士气模型

表 5 概括了从团队领导角度理解的士气含义和增强团队士气的关键点。

表 5　鼓舞士气的关键领域

关键概念	关键领域	详情
共同目标	· 目标	· 团队使命、个人目标、对集体实现目标即完成使命的理解
对未来的信心	· 目标 · 规划	· 确保目标具有相关性、可实现性、趣味性和挑战性 · 制定明确的规划，告诉团队应实现的目标及实现时间
热情	· 沟通 · 组成	· 持续保持沟通 · 了解技能基础、进行指导，并倾听和鼓励所有想法
忠诚	· 冲突 · 组织	· 制定参与规则 · 通过巧妙地分配职责，最大限度地提高技能；花时间有效组织资源
心理健康	· 上述全部	· 采用倒金字塔结构

动机

定义动机要比定义士气困难得多。关于动机的理论很多，不胜枚举，所以对动机的定义更为复杂。对动机理论的偏好选择决定了团队成员对动机的理解，也常常决定了处理动机问题的方法。

根据我最近的统计，目前流行的动机理论估计有100多种。要想找到一种有效的团队激励方法，我们必须先对动机理论的发展历史进行简要的了解。

“动机”一词源自拉丁文“movere”，原意是“运动”，起初是个哲学概念，在19世纪中期从哲学探讨转为心理学的研究主题。今天，在心理学领域，动机被定义为对行为和心理过程的科学研究。

在20世纪50年代和60年代，人们对社会影响和人的复杂性的认识促使了内容性理论的出现。这也被称为“需求”理论，该理论的提出者包括马斯洛（需求层次）、麦克莱兰（成就需要、权力需要和归属需要）、赫兹伯格（双因素理论——保健因素和激励因素）、麦格雷戈（X理论和Y理论）等。这些理论旨在为研究激发动机的诱因做铺垫。

20世纪60年代末和70年代初出现了以认知理论为核心的动机过程理论。这些新动机概念与职场的联系更加紧密，从动态角度诠释了动机，并从时间和事件角度阐释了动机与职场中人性的关系。

那么，我们如何理解动机并应用于职场中呢？

这个问题没有简单的答案。我认为，需求理论与认知理论的结合最能帮助我们理解职场中的动机。具体来说，我是指需求学派的马斯洛（需求层次）、赫兹伯格（双因素理论——保健因素和激励因素）、麦格雷戈（X 理论和 Y 理论）、认知学派的弗鲁姆（期望理论）与莱瑟姆和洛克（目标设定理论）提出的理论。

在实践中，团队领导者如何做才能创造出激发团队成员动机的条件呢？我一开始就说过，没有士气就不可能有动机。就动机而言，团队领导者的首要任务是解决前文所述的士气问题。两者之间存在内在联系。

随着士气的提升，我认为领导者可集中在某些领域，为团队成员激发动机创造条件（见表 6）。

表 6　激发动机的关键领域

关键概念	关键领域	详情
领导	· 性情 · 倒金字塔结构	· Y 理论的性情定义——认为人们天生具有积极的态度 · 作为领导者，你需要支持他人而不是得到他人的支持

（续表）

关键概念	关键领域	详情
参与	·柔性化领导方式 ·心理安全感	·根据每个团队成员的需求，采用不同的领导风格；没有一种风格能适合所有人 ·解决心理安全问题——营造坦诚、开放的环境
角色	·一致性	·做好角色安排，定期明确定义各角色和目标
承诺	·一致性	·不能直接处理 ·确保士气问题得到解决 ·依赖于其他 5 个领域
评估	·信任、可靠性	·与团队协商，确保对任务和目标采用合适的评估方法 ·保证团队定期安排时间对工作方式进行反思
认可	·反馈——以个人和团队为基础进行	·个人定期反馈——非正式反馈 ·团队对整体绩效的定期反馈 ·对初期阶段表现较差的员工提供支持 ·记住采用倒金字塔结构

第 7 节　选择适合自己团队的效率模型

模型的确定取决于诸多因素。团队模型必须易于理解，组织对模型的选择是为了团队领导和团队成员，而不是为了精英组织发展部或人力资源部的工作人员。是的，这还必须是可验证性的模型，功能可靠，并获得一定的口碑。

成功而有效的模型和方法，其关键就在于能持续、重复和定期使用，且无须耗费大量时间来琢磨它的使用方法。

在选择模型时，另一个关键考虑因素是评估工具的可用性。我们选择评估工具最重要的是能对各类评估进行比较，这犹如为团队提供持续性晴雨表，团队能根据评估工具得出的结果来判断团队行动造成的影响。此外，该评估工具还应该能与其他关键业务指标相融合，使组织能设定成功和 / 或失败团队的标准。模型和工具采用的语言应该尽可能通用化，而不是偏向于某类型的团队，例如不应使用具有技术、医疗、生产或销售导向的语言。

行为性措施和有效性措施的区分

许多公司都熟悉的工具，如Belbin、Insights、Myers Briggs、DISC、True Colors、NEO Birkman、Hogan和OPQ等，这些工具都以团队行为心理学为基础。

它们功能强大，能为团队提供非常有价值的信息。然而，这类工具往往很复杂，需经过培训、认证才能使用和执行。因为很难和其他关键业务指标相融合，因此这些工具在很大程度上无法进行追踪团队进展的比较性评估。

选择评估工具时必须考虑到最终结果：您想达到什么目的？目标是什么？ 您希望在多大程度上将模型与其他指标和关键业务流程相整合？您选择的模型是针对单一团队还是适用所有团队？

TDP 模型的引入

我们创建了一个易于使用、快速应用、面向结果、注重行动的流程。经过多年实践，团队诊断分析模型（The Team Diagnostic Profiler Model，TDP）最终取得丰硕成果。这既是团队效率模型，也是支持团队运转的综合性方法。TDP模型由模型、评估工具和一套全面且易遵循的团队分析流程组成。团队诊断分析模型已历经600个团队、3000个人的具有验证性和可靠性的研究。

TDP模型基于的原则是：所有团队均对自己的效能心中有数，但需要专门的时间来反思和讨论他们自己及其工作方式。

TDP模型适合组织中的所有团队，而不仅仅是“问题”团队。它采用大家熟悉的语言，借助易于理解的分析方法和评估工具，为团队领导者提供自助服务，从而不需要依赖专家持续的帮助。

下页图3展现的是TDP模型的重要组成部分，共有6个要素，每个要素均有两个标准。团队成员需要回答12个问题，满分是7分（见表7），根据成员的回答制定一份团队状态报告。评估完成后，团队对产出进行结构化分析，确定提高效率遇到的挑战并制定团队的改进措施。

图 3　TDP 模型（ODD 公司）

目标
团队成员需要了解团队目标，清楚他们的角色定位。

领导
领导行为必须帮助团队实现目标并鼓励参与。

关系
高效团队需要成员之间良好的沟通和信任。

流程
建立有机团队，必须有合理的规划和评估技术。

氛围
必须管理冲突，对不同的绩效水平表示认可，形成积极的氛围。

结构
团队成员必须进行适当的组织和培训，具备实现目标的技能。

表 7 是团队成员需回答的题项。TDP 输出的关键不在于提供的回答，而是随后的结构化讨论。

表 7　TDP 试题库（ODD 公司）

要素	标准	负面	正面
目标	目标清晰	我不清楚团队的目标	我很清楚团队的目标
	角色清晰	我不清楚我的团队角色如何有助于目标的实现	我清楚我的团队角色如何有助于目标的实现
领导	行为	团队的领导行为不能帮助实现目标	团队的领导行为能帮助实现目标
	参与	团队的领导行为不能鼓励成员积极参与	团队的领导行为能鼓励成员积极参与
关系	承诺	很难信赖其他团队成员	团队成员总是值得信赖
	沟通	团队成员不能诚实沟通	团队成员能诚实沟通
流程	规划	我们未为团队任务提供适当的规划技巧	我们为团队任务提供适当的规划技巧
	评估	我们在团队任务中未使用适当的评估技术	我们在团队任务中使用了适当的评估技术
氛围	认可	该团队不区分团队成员的绩效水平（好、一般和差）	该团队区分团队成员的绩效水平（好、一般和差）
	冲突	团队出现冲突时，不能得到有效处理	团队出现冲突时，能得到有效处理
结构	组成	该团队没有实现目标的合适技能	该团队拥有实现目标的合适技能
	组织	团队组织方式不适合目标的实现	团队组织方式适合目标的实现

TDP 题项随机提供给受访者，每次一题，格式如下：

我不清楚团队目标	①	②	③	④	⑤	⑥	⑦	我清楚团队目标
1 分代表负面，7 分代表正面								

让我们以目标清晰度为例。无论团队对该题给出什么样的回答，团队都必须解决以下问题：我们得到了什么？为什么要得到？我们该怎么做？如果团队成员在目标清晰度上给出 7 分，则说明他们非常清楚目标，那么我们已有什么样的目标？我们清楚的目标是什么？团队的真正目标又是什么？显然，当团队成员声称清楚时，他们“清楚”的是不同的事情，而真正的团队目标其实并不明确。这就引出了下面的问题：我们为什么要实现这个目标？为什么我们看待事物的方式不同？为什么要采用这种方式？

总而言之，团队对目标的了解不一致，将对效率产生重大影响。最后一个问题显而易见：“我们将采取什么措施？”这将产生一个行动计划，该行动计划的影响将在下一次实施 TDP 模型时进行评估。

接下来我们将以此类推，直至 12 个标准讨论完毕。重点是让团队根据其运作方式确定重点事项，找出阻碍高效团队合作的最大障碍，并解决其他受影响领域的问题。在随后进行的每一次会议上，团队继续审议上一次会议商定的行动计划和在此期间的执行情况，评估其影响，着手处理 TDP 模型确定的下一项挑战并探讨应对措施。

基于模型的其他好处

TDP 模型可直接与士气和动机相联系，见表 8。在思考下文所述的关联时，不妨回顾本章所讲的重点内容。创建此类关联将为领导者和团队提供客观、真实的方法。

表 8 士气、动机与 TDP 模型的关联

TDP 要素	TDP 标准	士气问题	动机问题
目标	目标清晰	√	
	角色清晰		√
领导	行为		√
	参与		√
关系	承诺		√
	沟通	√	
流程	规划	√	
	评估		√

（续表）

TDP 要素	TDP 标准	士气问题	动机问题
氛围	认可		√
	冲突	√	
结构	组成	√	
	组织	√	

请记住，士气是具有主观能动性的，而动机是可以锻炼的。这些都取决于团队创造的条件。领导者和团队可以创造条件，让成员有机会体验积极的士气带来的效果并且锻炼动机，但不能代替成员“生产”士气和动机。将这些概念与诸如 TDP 模型相联系，可为领导者和团队就其需要关注的领域提供一个明确的参照，从而创建必要的条件，使抽象的理论和行动计划变得清晰、具体和可执行。

第 4 章 4 种经典小团队构成形式

第 1 节　传统型团队

如前文所述，团队是指由少于 10 人组成，通过协同合作来实现共同目标的群体。为实现共同目标，该群体通常只有一个领导者，团队成员之间存在高度的依赖和分工合作关系。

传统型团队是我们最熟悉的团队类型。然而，我们往往会将部门和整个职能机构都称为团队。以人力资源机构为例，大型公司中的人力资源职能机构可能由 50 或 100 人组成。人力资源机构会设置许多部门，各部门又会划分为若干团队。而我说的团队，是指这些部门的下属单位，而部门又是这些职能机构的下属单位。这适用于所有职能机构，如财务、IT、生产或销售机构等。在小型组织中，这类部门可能非常符合团队规模，同时又是整个部门和 / 或组织的整体职能机构，因此常常会与团队在定义上相混淆。

时间越长越稳固，以职能为导向

图 4　传统型团队

传统型团队是职能性团队。团队成员是各种专业人员，他们协同工作，并使用相互能够理解的业务语言。团队领导根据其在组织中的等级结构来决定，通常由该团队中资历最深者担任。

传统型团队相对稳定，可年复一年地存续下去，其组成通常变化不大，并按要求更换离职人员。在大多数情况下，团队从事的是所谓的常规任务，即根据团队成员的专业性质不断重复的任务。偶尔会引入新项目或任务，可能会涉及团队中的单个成员、部分或整个团队。这些新项目和任务往往与新方法、新技术的引进或与团队扩充团队职能相关。新项目或任务一旦引进后，也将逐渐成为常规工作之一。

传统型团队是我们在职场合作的团队类型中历史最悠久的。随着大规模生产成为现实，劳动分工成为高效生产的先决条件，传统型团队在工业革命中应运而生。传统型团队是职能官僚制的重要特征之一。一旦融入“官僚制”这个词，人们会立即联想到低效、缓慢和笨拙——这些词更多的是消极含义。然而，职能官僚制却是非常高效的组织，历史悠久，且经受住了时间的考验——军队、宗教和政府都属于职能官僚制。

优势

传统型团队往往是同位式配置，即成员们在相隔很近的距离内协同工作。事实上，这是传统型团队类型的主要优势之一。成员的近距离协同工作带来了许多其他团队类型没有的优势。传统型团队可以通过正式或非正式交流，形成交互式记忆（交互记忆系统是团队共同编码、存储和检索知识的一种机制）。长期的面对面交流可以促进人际关系的发展，培养团队内融洽的关系，从而提高带动团队的整体效率，还可以有效加强团队成员之间的心理纽带。随着这种心理纽带日益紧密，团队将更易理解一些微妙的建议或误解，但也可能会影响团队整体绩效。通过日常的面对面交流，传统型团队能本能地培养交互记忆和心理纽带。虚拟型团队、项目型团队和协同工作组则需人为地、有意识地创建交互记忆。

传统型团队是在分工基础上发展起来的。在这种团队中，各种专业人员协同工作，相互支持以提升能力，且团队中的多数人使用共同的业务语言。传统型团队更易走向专业化。专业人员们更愿和志同道合者共事，因为他们具有相同的“商业行话”和类似的世界观。由于公司的人员集中，传统型团队还能高效利用资源。而其他团队类型可能导致资源重复使用，造成公司的成本过高。

传统型团队的成员具有稳定性和安全感。传统型团队具有非常明确的指挥链，采用垂直式沟通流程，各团队成员的工作角色清晰，并以专业化为中心，而个体成员是根据专业能力被招募至团队中。稳定、清晰的结构是团队成员产生安全感和确定工作目标的主要因素。与其他团队类型相比，传统型团队的环境变化速度相对较慢，也无须对变化做出快速响应，因此会进一步促进安全感和稳定性的提高。

根据我的经验和观察，传统型团队可能占当今团队总数的 60%。这是一种安全的方法（符合所提供的传统定义），能将风险最小化，和其他团队类型相比，团队成员可获得更多支持。

挑战

由于传统型团队的领导是根据组织中的等级、资历决定的，因此可能造成最合适的团队领导却不能任职的情况。晋升往往取决于专业技术能力，而不一定是人员管理技能。由于人际交往技能越来越受重视，因此人们会假定在组织层级中达到一定级别的个人应具备相应的领导技能，而糟糕或不恰当的领导很容易导致团队职能失调。

在许多情况下，团队对个人的专业技术能力的重视程度远远超过其领导技能。公司甚至对此采取宽容或漠视的态度，例如："乔的技术百里挑一。如果我们执意要他为自己的领导方式承担责任，他就会离开，然后我们怎么办？"乔被允许继续愉快地担任领导，并相信自己是位伟大的领导者，这种信念因他的高绩效评级得到进一步佐证。无论是组织的纵容，还是领导者自身的问题，这些都是不正常的行为，会对绩效产生重大影响，对士气产生毁灭性影响。这种情况并不少见。毋庸置疑，专业技术能力很重要，但领导技能也同等重要，两者均是高效领导团队的必要条件。

具有相同专业知识和职能的人往往会根据其特定的视角来感知世界。其职能角色需求决定了他们对时间和优先事项的理解，最终决定了对问题的认识及其后续解决方案的制定。这是劳伦斯和洛尔施（1967）著名的组织分化和整合理论的一个部分。该理论虽已过时，但仍不失为一项杰出的研究，它不仅解释了组织中存在冲突的原因，也解释了在设计组织时如何在无意中产生冲突。

不同的时间观念导致的团队分歧

分化和整合理论告诉我们，生产人员按分钟和小时认知世界。遇到任何问题，他们都需立即修复或停止生产。销售人员倾向于按月份、季度思考和解决问题。研发人员可能要花数年才解决一个问题。对他们来说，解决方案就是在开发中的产品或新系统的下一个版本。销售人员认为是他们为所有人带来了工作；而生产人员认为如果没有他们，销售就没什么可卖的了；研发人员则认为是他们保证了业务的长期稳定。最终结果可想而知，传统型团队更易产生群体间的冲突。具有不同的时间观念并没有错，事实上，一个公司需要不同的时间观，但它们必须得到相互理解和支持。

就整个公司而言，时间观念始终是传统型团队面临的挑战。领导者需要非常清楚这点，密切关注时间观念可能导致的冲突问题，尤其是造成团队之间的冲突。请记住，只有每个团队都获得成功，公司才能成功。不同的时间观念很自然，也很重要。因此，要取得成功，团队必须在某些时候与其他团队互动，无论这种互动是敷衍了事还是彼此依赖。否则，团队间冲突可能会对整体组织绩效产生重大影响。

传统工作团队的决策过程比较缓慢，因为信息需要层层向上级传递，并可能导致决策堆积在高层。就单个员工而言，没什么比一次又一次地等待决策结果更让人沮丧的了。对于员工来说，这是至关重要的决策；但对决策制定者而言，则似乎并不重要，可拖延至最后。又是时间观念问题！因为传统型团队是垂直式控制的，随着决策的上升，他们依赖的领导者越来越少。这一进程势必会放缓速度，因为越往上，决策者越少，而决策者们一天的时间也就这么多。

缺乏“大局观”的成员

传统型团队的成员因为专注于自己的专长，很少有成员把握“大局”。这里说的“大局”是指整个公司的大局，也可指整个团队的全局，因此领导者需要不断加强每个团队成员和整个团队对整体大局的贡献。如果没有大局和全局意识或缺乏整体观念，则分辨不清工作的轻重缓急。这会加深团队和团队成员之间的冲突，因为每人都根据自己的特定视角来感知世界。

传统型团队的成员重点关注常规工作，很难根据需求进行快速改变。常规工作会导致自满情绪，不断的重复和时间压力往往会阻碍团队思考其运作方式。在这种情况下，创新可能受到阻碍。团队会议始终关注团队运作问题，由个体团队成员向领导者汇报各专业领域情况。事实上，在局外人看来，这种团队会议就是一系列“一对一”的会议模式，会议上经常听到的一句话是，“我们就是这样做的”。这在传统型团队中倒也无可非议，因为根据定义，传统型团队应遵循过去的实践和已有惯例。

必要性

公司必须保证传统型团队领导者能够充分发挥出指挥力，这包括任务和目标建立、绩效管理和冲突管理等。实际上，对所有团队类型而言，管理者的核心目标都是相似的，只是在实现目标时应考虑团队类型的差别。

与任何团队一样，我们不能假定传统型团队一定目标清晰，所以，应定期加以评估。此外，还应说明和评审团队的宗旨，判断其是否能够合理支持整个公司。在这个过程中，关键是要避免职能 / 传统型团队产生“孤岛思维”（silo mentality），这将导致团队成员只以团队为中心。这样的结果就是团队不但不能为公司服务，反而会变得自私自利，从而损害所有人的利益。领导者应保证让团队成员理解他们为整体大局做出贡献的方式，明白如果团队太在意时间观念，就很容易忽略工作的轻重缓急，造成不必要的冲突。

其实所有角色都会随时间而改变，随着一个人在某职位上的经验增长，他们可能要承担更多的工作，采用不同的方式做事或放弃任务，或承担原本职位之外的其他任务。

传统型团队应更多关注的是“如何做事”而不是“做什么”的问题。这须在非业务性的会议进行，因为业务会议上经常讨论的是“做什么”这方面的问题。

这类讨论“如何做事”的会议应至少每季度进行一次，以确保团队有机会解决创新中遇到的问题。传统型团队的任务具有重复性，这种重复严重消磨团队的进取和求新求变的意识，因此创新是某些传统型团队面临的一项重大挑战。

所有团队应进行利益相关者分析，确保团队任务符合不同利益相关者的需求。传统型团队的领导有义务与团队共同审核其领导风格，确定是否符合团队的发展。

团队成员会发生变化，领导者也会发生变化，甚至团队宗旨都可能改变，明智的领导者应认识到这一事实并做出相应调整。传统型团队在不断发展；团队成员的组成虽然稳定，但也在历经演变，在不断发展和成熟。领导风格也必须进化和发展，以符合团队需求。

常规任务的执行易出现自满情绪，这是传统型团队的特点之一，所以团队领导应始终保持警惕，鼓励所有团队持续自我评估绩效，而不仅限于有问题的团队。

最后，必须指出的是，传统型团队由具有特定工作/组织角色的个体组成。并非每项任务和行动都以团队为基础，有的工作是由个体完成的。但现实情况是，为了完成工作，越来越需要团队成员相互依赖。

第 2 节　项目型团队

项目是指一项经过精心策划的工作或活动，为了实现特定目标，需要在一段时间内有始有终地被完成，因此被认为是个封闭的动态系统。项目型团队同时受日程安排、成本和质量规范的约束，三者中任一项都可以在项目期间得到客观确定和衡量。

项目型团队现在已经越来越普遍地存在于各大公司中，如今更是被视为可快速适应环境变化，能够满足不断变化的客户需求，推动创新和不断适应市场升级换代的必要条件。当今很多公司是完全根据项目型团队的形式成立起来的。这类公司创建的文化和经验不同于传统的、职能性的公司，它们的反应速度更快，更有活力。

就宏观层面来说，易变环境常常带来不确定或不可靠的信息。诸如像科技、软件和游戏面临行业不断快速变化与发展，以项目型团队的形式组织成员工作就成了它们必然的选择。

图 5　项目型团队

在快速变化的环境中，项目型团队应形成独特的风格——可快速组建和解散；通常能自给自足；能不依赖于公司其他部门而完成任务；完成一个项目后，团队成员可快速转入下一项目中。

越来越多的员工参与到不同类型、规模和时间跨度的项目型团队中。这些团队通常是为特定目的而建立的。

项目型团队往往是在整个公司战略的背景下建立起来的，以便按计划通过协作的方式向客户提供产品或服务，或改进流程和业务。同样，项目型团队也可用来解决新出现的问题，或迅速应对危机。

项目型团队领导能够体现出公司的等级结构，即最资深的人担任实际项目负责人，或者由最具相关专业知识的人担任领导者。他们通常不是任何传统管理意义上的直接上司，而是在具体项目期间对所有团队成员负有领导责任。

表 9 列出了一些众所周知的项目管理方法。正所谓“物各尽其善，人各尽其能”，对一个项目型团队有效的方法未必适合其他团队。方法的选择取决于项目的性质和复杂性。

表 9　项目管理方法

（来源：数字项目经理）

方法	描述
Agile	协作以迭代的形式交付任何工作
Scrum	使小型、跨职能、自我管理的团队能够快速交付工作
Kanban	通过提高工作进度的能见度和限制多任务处理来提高交付速度和质量
Scrumban	限制正在进行的工作，有点像 Kanban 和 Scrum 的结合
Lean	精简和消除浪费，以更少的成本提供更多
XP	极限编程方法——大力发展，确保产品质量
Waterfall	对项目做出全面规划，然后分阶段实施
PRINCE2	受控项目管理，不冒任何风险
PMBOK	将通用标准应用于瀑布式项目管理

优势

除项目管理方法外，项目型团队有明确的重点、截止日期和每一阶段的目标。项目目标定义明确，通常交付时间较短。他们拥有其他团队所缺乏的明确、共同的目标和宗旨。事实上，项目型团队倾向于采用高效团队的 12 个 TDP 标准——目标清晰、角色清晰、领导行为、参与、承诺、沟通、规划、评估、认可、冲突、组成和组织。

与基于可用人员的任命或凑数方式相比（这种情况比您想象的要多），在自由选拔团队成员的项目型团队中，团队成员通常具备互补性技能。有时还具备与相关项目完全不同的知识和经验。

无论团队的组成如何，项目型团队经常根据能力、胜任力和可用性分配职责。成员相互了解，也了解彼此相互依赖的关系。对角色的了解和清晰定位使团队成员能够互相负责，在必要时提供支持。

项目的性质决定了团队从一开始就必须进行有效规划。如果团队成员一开始就能够充分参与规划，则非常有助于提高团队目标清晰度，并通过周密计划更好地掌控局面。

项目规划和控制的本质往往要求严格的审核和评估——我们目前进展到哪里？我们应达到什么样的目标？如果定期召开进度汇报会议，将有助于项目保持正常运行，维持团队成员间的联系，弘扬团队精神，并提供坦诚的双向沟通机会。

挑战

项目型团队如要获得成功，关键在于对任务要达到的目标是否清晰，即这个团队因何而存在。最佳项目型团队实践成果告诉我们，团队不仅应熟悉可交付成果的任务和目的，而且应从公司的大局视角去了解项目背景，让团队成员树立起参与意识。

如果该项目是根据个人的专业知识组建起来的跨职能团队，则需要在短时间内高效组建团队。起初，因对其他成员缺乏了解，团队运营中可能会显得比较混乱。例如，缺乏对个人风格的了解，需要熟悉不同的技能和术语等。此外，项目型团队接手的大型任务可能包含不同的子项目，这些都会导致混乱，妨碍团队顺利完成目标。在早期阶段，利用手段争夺领导位置的情况也会阻碍进展，减缓团队高效运作的速度。因此，必须花时间关注团队组建等问题，而不仅仅是停留在项目规划这个阶段。

职位等级高的领导，未必是灵活管理项目型团队的最佳人选。随着项目的进展，领导者可以从主管转变为教练和引导师的角色。他们不得因拒绝分享领导权而破坏团队走向成熟的过程，反而应该鼓励团队成员充分参与。如果一味维护他们作为“老板”的地位和声誉，则可能会造成团队内部脱节，使成员失去动力，从而影响生产力。

同样地，仅依靠技术专长而任职的项目领导，也不是进行日常人员管理（包括绩效管理、反馈和指导）的优选人选，这在不同部门抽调员工组成的项目制团队更加明显，因为不同技术背景的成员很可能会认为其领导风格不恰当或过于功利。

必要性

几乎大部分员工都有参与到项目型团队的经验。为了发挥项目型团队的最大潜在优势，组织既要认识项目型团队的内在优势，同时也要认识其面临的挑战。

领导者必须向团队成员阐明团队的组建原因和任务，包括努力创造符合大局的工作环境，定期强调团队组建这些内容，以确保成员达成共识。领导者需要制定出一些基本规则，包括协商工作原则，确定会议进程和评估方式。在团队创建之初，领导者需要评估团队培训需求（学科领域、团队流程、工具和技术等方面的知识）。

目标清晰是项目型团队的成败关键，团队应将总体战略细化为关键目标，共同制定详细目标。至关重要的是，领导者必须确保所有团队成员对要完成的终极目标能充分理解。这是所有团队实现高效工作的必要组成部分，当项目型团队由不同部门、兼职者或来自客户方组织的成员组成时，这点显得尤为重要。

良好的规划和评估必不可少。初始阶段进行的规划应通过定期和频繁的审核来巩固。这将有利于项目保持正常运行，并有助于保持团队的目标感。领导者可以用写简练的现状报告来替代频繁的审核会议。

领导者应该鼓励提出具有建设性的意见，确保团队不产生自满情绪；心理安全需求对项目型团队同等重要。团队内部冲突有时是不可避免的，是自然的，这甚至可能成为创新的源泉。团队需要正确看待管理冲突，并学会从中受益。

虽然项目领导重点关注的是项目，但也必须认识到，有的团队成员可能参与了多个项目，其他项目也会对他们提出各种要求；有些团队成员还可能担任职能角色，同时应对这么多的事情，会给他们造成巨大压力。项目领导应该支持和帮助团队成员，这类问题应在项目之初就及时得到妥善解决。

第 3 节　虚拟型团队

团队中的 “虚拟”一词是个有趣的概念，虽然从定义推断似乎这类团队并非真正存在，但我们清楚这些就是团队，且各公司也越来越依赖这种团队类型。我们不能假设虚拟型团队就是传统型或项目型团队的另一种形式，并按管理同位式配置的团队的相同方式管理虚拟型团队。

虚拟型团队是指在不同地域、空间的个人通过各种各样的信息技术来进行合作。虚拟型团队的一个很明显的特征就是依靠通信技术进行协作。

在工作场景语境中，虚拟型团队、地理位置分散的团队、分布式团队或远程团队，通常是指不同地点的一组人员在协同工作。团队成员甚至可能来自同一栋大楼或同一校园内的不同地点。

可以是传统的、项目制的或协同工作组性质，但在
地理位置上极其分散，很少面对面接触

图 6　虚拟型团队

虚拟型团队与其他团队的本质区别，不只是团队成员的地理位置和沟通方式的差异。

尽管虚拟型团队的数量在急剧增长，但并不适合所有情况。如果一个团队高度依赖于连续性或集成性工作（例如制造），或者每人都依赖于他人在短期内的工作，虚拟型团队这种形式就无法保证正常运转。由于面对面交流的减少和对电子通信的依赖，虚拟型团队成员之间的沟通和决策制定往往还存在一定滞后问题。

和传统型团队或项目型团队相比，虚拟型团队的领导者角色具有更大的影响力。虚拟型团队需要领导者更加注重制定令人信服的目标，能够用明确的规则和协议取代模棱两可的假设，培养和维护团队成员间的信任。对分散于各地的团队成员进行管理，与领导能直接同团队成员进行日常互动的同位式团队的管理相比，可谓是截然不同的过程。

研究表明，如果虚拟型团队想长期获得成功，则需要其团队成员具备以下至关重要的品质，包括自我激励能力、独立工作能力、在无监督情况下高效工作的能力、注重结果、良好的口头和书面沟通技巧、高情商和适应力。并非所有人都能在虚拟环境中安心地工作下去。

优势

虚拟型团队对工作时间的干扰较小，因为个人不再需要频繁离开工作场所或出差。对在家工作的人来说，零通勤能让他们合理安排工作时间，减少出行的压力。

虚拟型团队成员会更注重手头的任务，其团队的组织结构也更加扁平化。官僚制的减少，可提高决策速度。全球团队的全天候运作会缩短产品开发周期，并确保服务交付具有更快的响应时间，同时满足全球和本地市场的需求。

成员背景和文化的多样化，能为团队带来不同的观念和意见，促进创新大幅增加。

在家工作的方式可在多方面开源节流，节约成本。就减少所需的实体空间和相关设施成本，以及降低管理成本和员工支持服务等方面来说，虚拟型团队节约的资本可谓数额巨大。

信息驱动型企业中的许多工作角色根本不需要人员到现场。先进的技术，使人能在虚拟环境中交付业务成果，节约相关成本。虚拟型团队可使企业节省大量用于招聘和培训的资金，降低因离职造成的人员流失率。

挑战

文化的多样性如果未得到管理或给予认可，例如不认可某种文化背景下的国家法定假日，或存在语言障碍和口译等更为复杂的问题时，虚拟型团队的发展就会遭受诸多负面影响。虚拟型团队之间的沟通方式也存在诸多问题，有些文化的沟通方式非常直接，会让其他文化背景的员工感到不舒服。在虚拟型团队中，由于年长的成员难以适应虚拟环境，而年轻成员可能更为得心应手，代沟问题可能会表现得更加突出。

虚拟型团队的满意度往往较低，部分原因在于团队成员之间的信任程度较低。虚拟型团队缺乏面对面的沟通，因此更难以建立和维持团队成员之间的信任感。洛耶斯基（Lojeski）和雷利（Reilly）在2008年研究时发现，如果公司未制定出连贯的策略来应对虚拟世界带给团队的挑战，虚拟型团队的绩效可能会下降50%，创新下降93%，满意度下降80%，信任度下降83%，且所取得的成果会很快丧失，预想的经济收益将转变为成本，而不是节约成本。

虚拟型团队很少存在交互式记忆。交互式记忆系统包括存储在每人记忆中的知识和对于不同团队成员专业领域的理解。正如个人知道哪些信息可以在内部检索一样，交互内存系统为团队成员提供了他们在团队中可以访问的知识的信息。团队成员能记住团队中哪些成员是哪方面知识的专家，知道如何通过正式和非正式沟通流程获取专业知识。通过这种方式，交互式记忆系统可以为团队提供更多、更好的支持。传统型团队和项目型团队通过日常面对面的交流，可以直观地开发交互式记忆功能。而虚拟型团队需要人为地、有意识地创建交互式记忆系统。

如果团队中有一部分成员安排在一起，而其他成员被安排在较远地方时，领导者应引起重视，因为安排较远地方的成员可能很快会产生被孤立的感觉。

必要性

虚拟型团队非常高效，但绝不能把它简单地理解为变种的传统型或项目型团队。

公司首先应认识到规模问题，虚拟型团队规模越大未必越好，管理好虚拟型团队最重要的是应该为团队成员制定好规则。虚拟型团队的目标和角色清晰至关重要。传统型团队和项目型团队每天都有机会纠正偏离的目标或主次不分的工作。相比之下，虚拟世界可能有几天甚至几周没有直接联系，偏离目标是很容易产生的问题。目标清晰度对任何团队来说都很重要，但对虚拟型团队来说尤其重要。

组建虚拟型团队的首要任务是“启动”团队成员的社交活动，让他们有时间去相互认识和了解彼此在团队中的角色。尽管团队具有虚拟性，但团队至少应每年——最好每季度——安排一次会面。这将对团队的信任和团队精神产生良好的影响。的确，这会产生差旅和住宿成本，但对于任何新建的虚拟型团队来说，这都是至关重要的第一步。变换会议地点也是一种很好的做法，可以让团队成员有机会介绍和分享各自的文化。

可以建立导师或同事体系，让新成员有时间与现有团队成员在虚拟情况下进行单独见面。

共同制定参与规则并一以贯之，可帮助团队成员建立心理安全感，为行为设置期望，并有助于缓解因工作失误造成的影响，否则这些影响可能会被无限放大。此外，共同制定参与规则还有助于团队成员适应文化差异和减少误解。

虚拟型团队的成功很大程度上取决于领导者。这不仅是因为绩效管理和协作问题，还与领导者个人价值的发挥及其识别每个团队成员特有品质的能力有关。最重要的是，虚拟型团队的领导者必须具有真正的授权（责任与权力），并在建立团队成员之间和团队领导与团队成员之间的相互信任上发挥巨大作用。

上述内容对所有团队都是必不可少的，但对于虚拟型团队更加重要。其中任何一点如被忽略，都将造成极大影响。

同位式配置的团队有许多非正式场合可以用来消除在工作中产生的误会，而虚拟型团队则缺少这样的机会和场合。所以，公司必须认识到虚拟型团队与其他团队的差异，采用和其他团队相同的方法、策略和流程将起不到很好的作用。

人是社会性动物，独自工作时，可能就是孤军奋战，会错过传统工作场所中许多被视为理所当然的事情。虚拟员工无法体验在咖啡机、饮水机旁甚至吸烟室闲聊的自由，他们几乎完全脱离了公司的所有非正式沟通过程。我们的安全感、参与感和一直需要的社交需求（通常被认为是理所当然的），是由公司的非正式环境和工作地点来满足的。我们应该弥补这些要素，有意识地规划和管理虚拟世界中的许多变数。

第 4 节　协同工作组

近年来，协同合作（teaming）已成为职场用词，既可定义为动词（动作），如上文所述，也可定义为名词，如本文讨论的团队类型。teaming 是名词“team”的动词形式，这在英语中并不罕见，且自从用于职场中后，就其本身而言也可转变为名词，即协同工作组（teaming work group）。为什么要讨论这个词的语法形式呢？因为这个概念特别容易让人混淆，感觉既可以是团队文化（名词）、协同工作组（名词），还可以被视为一种工作方式（动词）、一种动态活动。

艾米·埃德蒙森（Amy Edmondson）在其著作《协同合作：组织如何在知识经济中学习、创新和竞争》（*Teaming: How Organizations Learn, Innovate and Compete in the Knowledge Economy*）中呼吁，管理者不要把团队看作静态的个体或群体，他们有充足的时间进行成功而有效的互动。她建议将团队合作看成动词，应把它作为所有人的基本技能加以培养。协同合作是团队精神和实践基准，协同合作技能应作为企业团队战略的内容之一融入公司中。

在当今的公司中，协同工作组的数量在不断增长。它在本质上属于传统的“完整”团队，是职能性团队（偶尔是项目型团队，但很少是虚拟型团队），最重要的区别在于它的组成。协同工作组以轮班形式为基础，其团队成员由在两个班次或以上工作的人员组成。这种团队类型在今天的许多组织中都可找到，如医院、航空公司、呼叫中心、零售车间、酒店、旅游公司以及快餐业等。

协同工作组的概念是随着轮班模式、全天候运营需求、兼职合同和员工对灵活性工作需求的不断增长而发展起来的。在诸如航空业等行业中，如果相同机组的人员（团队）被安排在一起，从财务上来说是不切实际的，因为人员数量的安排要最大化利用雇员和飞机，因此应将每位员工都视为个体单元进行安排。这就意味着如果两名员工被分配到一家大型航空公司的同次航班工作，那么可能需要 5 年的时间才能再次成为同事。

图 7　协同工作组

如今，许多组织都建有人员库，可随时从中抽调人员安排轮班或满足全天候运营的需求。实际上，“团队”可能有 100 人或更多，但只有 10 至 15 人被抽调进行具体轮班。这似乎与先前所述的团队规模不应超过两位数的观点背道而驰。但事实是，这有可能发生。我之前的论述也强调过与双位数团队规模相关的问题，以及如何解决和管理超出两位数的团队。在大多数情况下，如果团队成员超过 10 人，则可能存在两个或更多实际团队。

协同工作组正变得越来越普遍。这类团队具有很多优势，但也存在巨大的挑战。这种类型的分组仍然需要表现出团队行为，但团队标准和协议的制定与维护，对协同工作组来说非常困难。

具有稳定组成的团队会一起制定协议和集体处理错误。实际上，这能帮助团队成员形成提前预计到下一步操作（交互式记忆）的习惯，而协同工作组不能像其他类型的团队那样使用这种方法。按照传统型团队模式发展，其实是不可能产生协同工作组这一形式的。如果协同工作组出现问题，也不可能以传统型团队使用的相同方式进行干预。那么，该如何支持这种团队类型并确保协同工作组能与任何其他类型团队一样高效呢？

优势

协同工作组是传统型团队的变体，具有传统型团队的一些优势。团队里各专业人员协同工作，相互支持以提升能力，且团队中的多数人使用共同的业务沟通语言。

因为协同工作组也是同位式配置，设备和人员具有集中性，所以这种团队类型也能高效利用资源。

与传统型团队一样，如有其他人协调，协同工作组就能专注于手头的任务，从而让每个团队成员都最大限度地发挥自己的长处。团队成员之上的领导者则负责更宏观的问题。

同样，协同工作组具有非常清晰的指挥链，采用垂直式沟通流程，各团队成员的工作角色清晰，并以专业化为中心，而个体成员是根据专业能力被招募至团队中的。这种稳定而清晰的结构有助于团队成员形成工作上的清晰感和目标感。与其他团队类型相比，这类团队对市场环境变化适应能力相对较慢，也无须对变化做出快速响应。

挑战

根据我的经验，协同工作组面临的挑战要超过其他团队类型。

在协同工作团队结构中，绩效标准的维持更加困难。同样，绩效差异也不可避免。从大型人才资源库抽调出一个相对较小但不断变化的群体，意味着该群体在方法、个性、态度和经验方面都存在差异。有时这种差异很小，但有时却差异显著。

对于团队领导者来说，要展现出一种合适的领导风格是一项极富挑战的事情，因为他们从来没有和同一个团队共同工做过。团队成员的性格、技能水平和能力都在不断变化，这都会给团队领导者带来巨大压力。反过来也是如此——团队成员必须不断适应不同的领导者，而不同领导的工作重点和领导方式也各不相同；某团队的领导者视为必须做的事情，可能会被另一位领导者所厌恶。这会给团队成员带来巨大压力，通常被视为决策过于反复无常，这也是协同工作组的主要消极因素之一。很多团队成员会认为，这个问题最好的解决方法就是躲避风险，什么事都不做，至少那样就不会得罪任何人。

传统型团队能本能地建立规划或交互式记忆，由于协同工作组没有从错误中吸取教训的机会，团队成员没有机会建立规范或积累交互式记忆，因此工作中造成的错误率可能会更高。

团队或集体培训很困难，因为团队组成人员的不断变化，使得处理某些问题极为棘手。某些人员组合可能永远不会再出现相同问题，除非恰好有一组人员再次被安排在一起。有效的个人培训是有可能解决这个问题的，但只能解决规则、法规、健康和安全等常见问题。

团队组成的不断变化阻碍了团队成员根据各自的优缺点建立更紧密的工作关系的能力。这也会影响团队成员的参与感和归属感，造成更多的人员流失和流动，降低士气，影响动机。

在这种团队结构中，团队意识较低，所以协同工作组的员工绩效管理也是一项挑战，因为日常领导者可能不是评审人，而评审人可能不了解具体的绩效管理方式；此外，团队领导者对团队成员的评审可能会不及时。

必要性

为了最大限度地发挥协同工作组潜力，公司必须为这种团队类型制定明确的战略。虽然它是从传统型团队发展而来的，但面临的挑战却截然不同。

领导能力的培养必须考虑到这种组织结构的持续变化特点，因此领导必须更应意识到，要具备更灵活的领导风格，必须灵活满足团队成员的各种需求，包括指导、支持、鼓励和授权等方面。领导者应该使领导风格与下属的意愿和能力相一致，然而大多数领导者都不是天生就能做到这点。他们需要反思和了解员工喜欢的风格，并学会灵活变通。

从大型人员库中抽调人员构成轮班，意味着团队成员在经验、能力甚至基本技能方面都存在很大差异。

以医院病房和连续轮班周期为例，夜班和白班或小夜班的挑战是一样的吗？整个团队需要注意哪些问题？我们可利用团队发展工具来获取团队成员的轮班感受。每季度一次，如果在连续轮班周期内完成这项工作，就可大致了解不同轮班出现的问题和模式。

最后我们必须记住，无论出于何种目的建立协同工作组，都是由传统型团队发展而来的，但并非传统型团队的所有优势都适用，而且还面临更多的挑战。我怀疑正是这些挑战大大增加了这类团队的实际财务成本。尽管此前曾说过，这类团队可节省资金，但因错误率的提高，培训情况复杂，且士气和动机的降低造成人员流动率更高，从而造成资源流失和对终端用户的产出不一致等情况频频发生。我认为，这些因素会将这类团队的成本提高至我们无法预料的水平。因此，我们绝不能低估不断变化的组织结构造成的复杂影响。

所有团队都有共同属性，但是所有团队都是独一无二的。

设置此类团队的公司必须制定好相应的支持方案，以满足协同工作组的需求，提高效率，并最大限度地降低财务影响。

第5章 将“团队力”发挥到极致

第 1 节　从被动执行到主动工作，只差一个目标

目标是指可观察和可测量的最终结果。

“如果你不知道要去哪里，那么，你就只能随波逐流，无所适从。”

——尤吉·贝拉（Yogi Berra）

目标清晰看似简单，但很多团队却很难做好。

目标清晰是团队绩效的基准。为团队设定目标和为个人设定目标并没有什么本质的不同，绩效管理层级原则同样适用于团队设置。但是团队很容易直接投入工作，而不首先考虑应该如何实现目标。

他们想要“做”事情，比如用吸管和回形针搭建一个模型。很多团队会一开始就拿起吸管和回形针尝试搭建，却不去互相充分讨论并听取各自的意见和想法。也许团队中有人负责完成稳定性任务，有人负责搭高任务，也有人负责稳健性测试。但他们并不同心，没有从全局的角度思考目标，没有规划，更没有深入思考面临的挑战，所以等最后规定时间已到时，

他们搭建的结构往往不符合标准。

如果目标不清晰，就无法确定团队角色，无法合理选择规划和评估标准，无法阐明沟通和决策方法，也无法评估个人的绩效和贡献。这一切都需要以目标为起点。

团队目标很重要。有的团队宣称其目标清晰，可一旦问及成员何为团队目标时，得到的答案却截然不同，甚至自相矛盾，这种情况并不罕见。这会导致浪费精力、任务重复、有些任务根本无法被执行，甚至还会让团队成员产生沮丧和困惑等。这种环境显然无法让团队实现最高效率。

从本质上讲，团队的目标流程与组织的目标流程或绩效管理流程没什么不同。但是就团队目标而言，有很多问题需要所有团队成员做出回答并被清楚地理解。提问不仅是第一步，还须定期重复进行。我们绝不能假定团队目标是永远明确的。所以说，仅仅就目标问题沟通一次是远远不够的。

许多人认为，完全没有必要反复向团队成员强调团队目标，这纯属多余。但实际上这是一项关键的任务。如果不反复强调团队目标，任何团队都难以实现高效。团队最终可能在某个地方停滞不前，无法实现预期目标。

表10概述了目标不清晰的团队和目标清晰的团队的特征。请您阅读并思考："我的团队具有哪些特征？"如果您的团队呈现左侧特征，则说明您的团队存在目标不清晰的问题。

表10 团队目标不清晰与清晰的特征

目标不清晰的团队	目标清晰的团队
杂乱无序甚至无能	有组织性和目的性
压力重重，时间紧迫	更轻松
承受压力大	承受压力小
团队成员关系不好，易争吵	团队内外部均有良好的人际关系
经常加班	很少加班
取得的成就更少	取得更多成就
无法有效规划或评估	能够准确规划和评估
不能充分利用资产或资产负担过重	更加充分利用资产
准时完成任务几乎不可能；即使有，也纯属偶然	更有可能按时完成任务
人员流动大，旷工率高	人员流动小
缺乏沟通和参与	能更好地与所有团队成员沟通
责任不明确，无法进行绩效管理	能准确管理个人绩效
团队自豪感和忠诚度被削弱	产生忠诚度
效率较低，难以取得成功	更高效，最终更成功

团队和领导者需要解决的问题和采取的行动

团队需从团队和个人层面解决目标问题，确保个人目标与团队目标保持一致。实现的方法只有一个，即让团队参与下列问题的讨论。虽然所列的问题并不十分详尽，但如果团队能够回答所有问题，则将大大提高团队目标的清晰度。

· 我们为什么成立团队？目的是什么？——强调团队总体目标和团队愿景。

· 我们需要在短期内实现什么目标？——强调近期的使命。

· 我们需要在什么时候实现该目标？——强调最后期限。

· 为什么需要实现该目标？——强调好处、影响、重要性和失败后可能产生的后果。

· 需要实现的阶级性目标（子目标）是什么？——体现团队总体进展的关键里程碑。

· 目标的最终受益者是谁？——自己、其他部门、整个组织、客户还是所有人？

· 目标实现是什么样的情况？如何知道目标已实现？——明确建立的标准，以及完成任务的动力和驱动力。

· 目标最近有变动还是相对稳定？是否有新项目或新团队任务，还是和往常一样？

· 团队如何处理目标的变化？是通过正式流程、一对一形式、团队层面还是通过项目规划调整？

· 目标是否都记录在案且可访问 / 查看？是在登记中心、硬拷贝或软拷贝、个人分享、成员共享还是在团队会议上公开讨论？

· 团队目标和个人目标是否一致？与领导一对一地讨论还是团队讨论？

· 团队 / 团队领导多久审核目标进度，每周、每月还是每季度？审核间隔时间是否合理？

· 绩效反馈多久进行一次，采取什么形式？是每周进行非正式谈话，还是通过技术快速“登记”或每月、每季度举行正式绩效会议？

· 如果必须确定任务的轻重缓急，团队成员该如何协调个人工作目标和团队目标，有没有团队领导的支持？

士气或动机的问题

如果一个人不知道该群体的存在原因，也不知道如何融入其中，又怎能确定自己想要成为其中的一员呢？目标和目标清晰涉及士气的两个关键特征：共同目标和信心。没有这两个特征，团队成员就无法体验到士气的可贵。

团队使命是否深入人心，是否能实现？对团队成员来说，这是否具有挑战性和趣味性？它会在一段时间内（运营期间）维持团队吗？团队使命对整个公司是否有重大意义？团队所做的一切对公司是否重要，是否得到了公司的认可？没有什么比对未来缺乏信心更能打击士气了。

对于任何团队使命来说，可实现性和关联性都是衡量团队工作的重要参考标准。如果团队成员不认为团队使命可以实现，则他们的信心将立即被削弱。记住那句古老的格言——无论你相信自己能做到还是做不到，你都是对的！

如果一个团队认为自身对公司整体来讲并不重要，或者团队遭受解散的威胁，或者团队不断进行重组，或者公司环境不稳定，威胁到个体成员就职的稳定性，那么士气将受到破坏。此时，人们想的不是归属感，而是把重点放在能否保住工作上。

团队领导的重点

团队领导应花时间让团队成员积极参与到小组会议与决策中去，并了解每一位成员执行任务的程度。这不需要很复杂。事实上，描述越具体、越简单，清晰度就越高。使命是对群体在任何特定业务期间的核心目标的陈述。使命陈述是通过确定任务的轻重缓急来明确说明将要服务的对象或服务方式；最重要的是，要传达团队的预期方向感。任何个体应能解读任务，理解自己需要做什么来支持和完成任务。

一旦建立任务后，团队领导需要关注团队成员在担负角色方面的目标。各团队成员的目标应紧密相关，团队成员目标的集体实现即意味着团队使命的实现。

第 2 节　如何打破团队成员角色模糊和同质化的困局

角色是指一人参与某个团体或组织活动的方式，在团体或组织中的情况、地位，以及他们对该活动的影响程度。

“清晰度提供了重点。”

——托马斯·莱昂纳多（Thomas Leonard）

角色模糊虽然容易解决，但对许多团队来说这是个持续存在的问题。

角色清晰的前提是目标清晰。然而，即使团队已建立清晰的目标，许多团队仍然难于实现角色清晰，甚至有的团队还在为某人是否是团队成员而争论不休。

个体的团队角色清晰，是团队高绩效的先决条件。不仅个体角色需要清晰，每个团队成员还必须清楚其他团队成员的角色。团队和团队领导者之间需要定期进行讨论，团队领导要确保所有团队成员能从个人、集体角度理解自己和其他成员的角色。

我们经常会听到团队领导问："你所说的'角色不清晰'是什么意思？他们都有自己的岗位职责说明。"岗位职责说明是必需的，但对大多数员工而言，岗位职责说明只是他们被招聘时使用的文件。这是组织内定义的"工作"，但不一定是对其团队角色的说明。团队角色的清晰及其定义是个迭代过程，需要团队领导和团队成员以及团队成员之间进行持续讨论。

在《绩效教练：获得最佳绩效的教练方法与模型》（*Coaching for Improved Work Performance*, 2002）一书中，费迪南德·福尼（Ferdinand Fournies）在对2.5万名经理和主管的调查中发现，人们没有完成应做之事的首要原因是"他们不知道自己应该做什么"。这显然与角色清晰有关。

如果角色不清晰，就会产生团队内部混乱、任务重复和资源浪费等常见的问题。需要执行的任务会不可避免地被遗漏。如果个体成员处于相互隔绝的状态，缺乏沟通，则必然不可能实现高效工作。

如果角色不清晰，就无法进行客观、公平的管理工作，最终会导致能干者"帮衬"其他人，这会让部分成员感觉不公平。反过来，这也会导致团队内部的信任荡然无存。

如果角色不清晰，团队和团队成员将分不清工作孰轻孰重，或者不清楚应把精力放在哪里，也不知道他们的表现是否可被接受。

表 11 团队角色不清晰与清晰的特征

角色不清晰的团队	角色清晰的团队
混乱无序	角色清晰
缺乏重点	重点突出
相互不满和不信任	关系清晰，彼此相互帮助
一直在寻求方向和领导的肯定	能够自我管理和自我肯定
压力较大	压力较小
老是有任务被遗漏；“我认为那是别人的责任”是一种常见回答	任务未被遗漏
如发现别人比自己先完成一项任务时，经常会感到沮丧	尽量减少工作重复性，避免浪费精力
加班和时间不充足是团队合作常态	减少加班
无法实施绩效管理，无法追究个人责任	能实施绩效管理和明确责任
未充分使用资源	优化资源利用
规划和评估充其量只是碰运气	能够准确规划和评估
工作的优先顺序安排不连贯，个体按自己的日程工作	有效安排工作的优先顺序
似乎做得不够	可以做更多
效率较低，难以取得成功	更高效，最终更成功

建议方法

团队领导在和个体成员进行单独讨论后，必须召开团队会议，让每个团队成员根据团队目标来描述自己的角色，以及他们提高绩效所需要依赖的其他团队角色。如果团队有任何变化（人员或目标变更），则应定期重复此项操作。通过此类会议以及团队共同努力，明确各角色与团队目标相互交织的关系，并让每位团队成员签字确认各自的角色和职责、绩效标准等，想很好地帮助团队顺利展开工作，提高工作效率。

根据莱瑟姆和洛克的研究，具有挑战性的目标能从积极的意义上影响动机，即得到激励。他们的研究清楚地表明，一般目标、简单目标和过于困难的目标对激发团队成员的工作积极性具有相反的效果。

在著作《再论如何激励员工》（*One More Time: How Do You Motivate Employees?*）中，赫兹伯格提出了一些具体方法，如帮助企业制订一个被他称为“工作丰富化”的计划。

工作丰富化可以增加工作的内容，满足我们对更大的控制权、更多的自主权和更高的责任感的需求。这同样涉及角色清晰和目标清晰，两者都需要与个体的需求达成一致。

第 3 节　团队管理者的行为要灵活而多变

以适合或符合某特定目标的方式，培养和提升团队成员实现目标的能力，这么做是为了最大限度地促使其努力实现目标。

“在成为领导者之前，我们的成功取决于自己的成长和进步；在成为领导之后，我们的成功在于帮助和培养他人成长。”

——杰克·韦尔奇（Jack Welch）

许多领导和团队模型都主张灵活的领导风格。有些人认为，随着团队的发展，领导风格应该从指导风格转变为授权风格；而另一些人则认为，领导风格应符合团队成员的经验及其承担任务的意愿。尽管如此，人们普遍认为灵活的领导风格至关重要，而且没有哪一种风格能适合所有情况或所有人。

高效团队领导者应理解这种灵活性要求，在评估自己的绩效时，既要评估领导风格，还要评估该风格的适宜性。为了有效进行评估，领导需要得到来自团队成员的信息和反馈。这些信息的质量取决于领导者和团队成员之间的坦诚交流，以及领导者对以下问题的信心——“我能做些什么来提高我对这个团队的领导能力？”

此外，领导者必须始终意识到，虽然团队可能需要一视同仁的领导风格，但针对某些个体成员，有时需要采用不同的领导方式。例如，针对经验丰富和任职时间很长的成员的委派方式可能就不适合新成员，后者需要更多的指导和支持。同时，如有团队成员表现不佳，领导者可能需要恢复到教练风格来指导这名成员。与同位式的传统型或项目型团队相比，虚拟型团队和协同工作组的领导重点也不相同。协同工作组需要从更大的人才资源库中抽调人员进行轮班，这意味着个体能力的差异更大，因此要求具备更加灵活的领导方式和领导意识。

在采用适当的领导风格过程中，团队领导者应将自己视为倒金字塔等级的一部分。但团队领导不是位于金字塔顶端，获得来自团队成员的支持，而应将自己置于金字塔底层，支持团队成员发挥水平（如图 8 所示）。

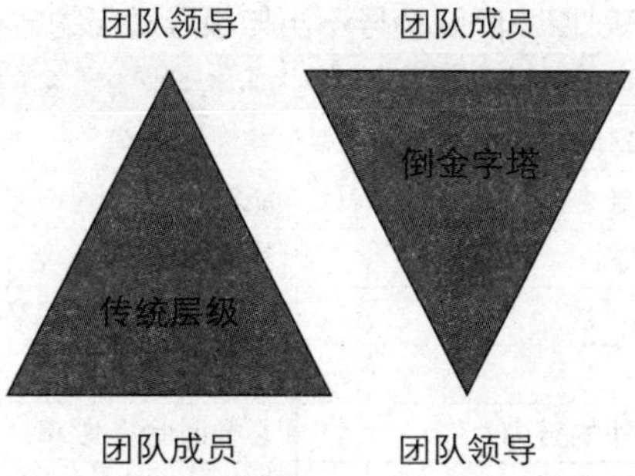

图 8　传统层级结构与倒金字塔结构

您的团队是否具有适当的领导风格？如果团队具有表 12 左栏中的特征，则可能需要改变领导风格。

团队领导应在日常工作中避免监督过度或监督不足，这两种情况都会产生负面影响。让团队保持整体平衡并满足团队成员的个人需求是领导的关键任务。请记住，团队领导的工作不是完成团队的所有任务；相反，他们的任务是为了促使和支持团队成员完成任务。

表 12　团队领导不当与领导适当的特征

领导不当的团队	领导得当的团队
缺乏信心或盲目自信	表现出自信
不断寻求指导	能够自我管理
避免做出决策	工作重点明确
害怕犯错误	有适当的主人翁意识
忠诚度低	对团队领导忠诚
不愿付出额外的努力	必要时会多做事
绝口不提坏消息	表现出高度的信任和坦诚
很难激励动机	动机更强
有“逃跑或战斗”的感觉和相应的压力	士气高昂，想融入团队中
感到沮丧	感受到作为个体和团队的价值
经常受到人员流失问题的困扰	留任率高
往往是少数强者“帮衬”多数人	分工公平
允许绩效不佳者“逃脱处罚”，导致不公平感	不“帮衬”绩效不佳者
效率更低，难以取得成功	更高效，最终更成功

建议方法

团队领导应对具体的领导行为寻求反馈。这是引入 360 度反馈和使用行为评估工具（如 Belbin、Insights、Myers Briggs、DISC、True Colors、NEO Birkman、Hogan 或 OPQ）的恰当时机之一。作为领导者，您有责任了解自己，了解自己喜欢的风格并进行评估。您要和团队讨论评估结果，虚心听取反馈意见。团队领导还需要做出必要的努力来改变领导风格和行为，并跟踪有关进度的反馈。这不是要剥夺您的领导权和管理权，也不是要您放弃责任，旨在让您成为更优秀的领导者，展现您的情商和适应力，实现团队的最大利益化。始终记住，团队领导取得成功的唯一途径就是团队取得成功。您对领导风格的选择可帮助您获取成功，也可阻碍您获得成功。

如果您准备好以领导者身份进行对话，则应让团队加深对您的认识。如果您将绩效反馈作为团队的常规工作之一，并愿意接受反馈以改变和改进领导方式，那么所有团队成员也会更容易接受反馈。您应以身作则，为团队创造最有效的学习环境。

不要害怕向团队外部寻求反馈和支持。如果您认为自己需要培养作为领导者的领导技能，可参加领导力培养项目，或向其他有经验的领导者寻求指导。在工作的任何方面寻求帮助和支持都不是软弱的表现，而是成熟和专业的标志。

麦格雷戈的 Y 理论和倒金字塔领导层级理论

Y 理论认为人们天生具有积极的工作态度，即个人对自己的工作负责，主动工作，承担责任；如有可能，创造性地用想象解决问题。

倒金字塔层次结构原则包括：为了使领导者获得成功，必须先让团队成员获得成功。这意味着不是团队在支持团队领导，而是团队领导在支持团队。团队领导的工作是处理所有影响或阻碍团队绩效的事情。

该原则与莱瑟姆和洛克的目标设定理论（即具有明确和挑战性的目标）以及弗鲁姆期望理论（为完成工作，应拥有合适的资源，如设备和时间；应具备合适的技能并获得必要的支持，如领导支持和正确的工作信息）密切相关。所有这些都是领导者的责任，如果处理得当，将会创造一个能让员工展现能力的良好环境。

如果采用倒金字塔领导层次结构，作为领导者，您将会从不同的角度认识领导过程中面临的挑战。请关注目标、规划、组成和组织（战略和结构问题）中的士气问题。要反复问自己，“我能做些什么来帮助我的团队？”麦格雷戈的 Y

理论明确指出需要为团队成员提供完成任务所需的资源并给予支持，以促成任务的完成 ——这显然是倒金字塔领导层次理论的职能。永远记住，您作为团队领导，团队成员的成功不仅是您的成功，还是您获得成功的唯一途径。

第 4 节　说服成员认同目标并积极参与进来

参与是指与他人共同进行的行为，包括在决策、目标设定和团队合作方面的协商，以促进或增加团队成员对集体目标的承诺。

“一位真正的领导者不是寻求共识，而是塑造共识。”

——马丁·路德·金（Martin Luther King, Jr.）

团队要取得成功，必须有全体成员的参与。团队领导通常认为参与是理所当然的，但许多团队缺乏最佳参与度，甚至参与度不足。理性的团队领导很容易识别出个体团队成员参与度差的情况。这包括对坏消息缄口不言，不愿在会上表达意见，缺乏对明显失败的认识，隐瞒好主意，孤僻，为失败找借口，领导喜欢什么就说什么，信心不足等。这些特征都可以在参与度不高的团队或团队成员身上观察到。

团队成员在分享和参与方面会有很多限制和顾虑，团队领导必须意识到这点，并创造心理安全感强的环境，帮助团队成员尽快参与到团队活动中去。在这个鼓励参与的过程中，领导者应表现出谦逊的态度，承认自己在某些问题上的不足，并就团队面临的挑战提出深思熟虑后的意见。如果领导者身先士卒，以身作则，并始终如一地执行，这样其他人自然会安心地效仿，并为团队做出贡献。

一个敢于承认自己所犯错误的领导，会让团队成员觉得是安全的。这将消除团队成员在发表意见时可能害怕别人觉得自己愚蠢的消极心理。在心理安全感强的环境中可以建立团队成员之间的信任，改善沟通，最重要的是能保证领导者听到需要听到的内容，而不是想要听到的。如果团队成员意识到自己能为团队做出贡献时，他们的信心会增强，价值感也会增强。由此产生的包容感和凝聚力会鼓励“团队精神”，同时支持个人对团队和目标的承诺。

团队中的个体在尝试新任务时更容易产生害怕心理，这种心理会阻止团队成员产生敢于尝试和冒险的勇气。随着心理安全感越来越强，团队成员对失败的恐惧将逐渐减少，个体成员开始愿意从错误中学习和吸取经验教训。能带来较强心理安全感的环境将促进学习，主动学习的团队会寻求更新、更好、更快、更有创意的做事方式。请根据表 13 判断您的团队是否具有全体参与度。

表 13　团队参与度低与参与度高的特征

参与度低的团队	参与度高的团队
缺乏信心	充满信心
不愿倾听他人，只愿听喜欢听的	相互尊重
排斥新思想而不是接受	找到新的做事方法
抵制挑战	迎接挑战
看到的是问题而不是机遇	看到的是机遇而不是问题
无法互相学习	互相学习
往往把挑战看作别人的问题	共同迎接挑战
易脱离团队、退缩甚至孤立	投入
很少或没有个人发展	体现个人发展
不能承诺，也不想做出承诺	尽心尽力
感觉是份苦差事	喜欢一起工作
浪费精力，降低效率	最大限度地发挥综合能力
只是一群人，而不是一个团队	真正的合作
效率低下，难以取得成功	高效并最终获得更多成功

许多作家、学者、管理大师和政治家都提出了有关团队合作重要性的名言。所有人都认为领导者是重点，但退役的美国职业篮球运动员卡里姆·阿卜杜勒－贾巴尔（Kareem

Abdul-Jabbar）却说："一个人可以成为一个团队的关键因素，却无法组建一个团队。" 所有人都必须参与进来，才能使团队发挥效力。促进团队成员的参与是团队领导的关键任务。作为领导者，您是关键因素吗？

团队和领导者需要解决的问题和采取的行动

团队成员的参与度取决于团队内部的心理安全水平。毫无疑问，领导者应有责任为团队创造条件。在这方面，领导者的性格及其树立的榜样，即领导方式，是至关重要的。我强烈建议领导再次阅读第 3 章关于心理安全的内容，然后从团队角度思考以下问题：

· 团队成员可以互相挑战，也可挑战他们的领导吗？

· 团队成员是否经常公开提出问题？

· 团队成员是否承认存在的弱点并主动寻求帮助？

· 团队成员是否经常提出新想法？

· 有些团队成员是否在团队会议中占主导位置？所有人是否有同等的发言机会？

· 团队文化是否会隐瞒坏消息？

· 团队会议通常以领导者为中心吗？

· 团队成员的想法是否被他人利用？

· 对所有团队成员来说，说出他们的想法容易吗？

· 团队是否存在错误？

· 团队成员是否渴望分享有效和无效的信息？

· 团队是否具有包容性，是否能够不拘一格地接纳所有成员？

· 在团队中冒险安全吗？

· 向团队其他成员寻求帮助有困难吗？

建议方法

建议举行团队会议，要求团队就如何实现更高参与度提供反馈。会议开始之前，团队领导应思考各团队成员的个人风格——是否自信、对什么都感到好奇还是寡言少语。团队领导应思考制订一个计划，以鼓励沉默寡言的人多发言，保证每人都有平等的发言机会。

如有必要，还应提供一对一的指导，甚至可以向整个团队提供360度反馈，为实现团队会议的高参与度创造机会。团队领导应设法了解个别团队成员参与度不高的原因，是因为新加入团队而缺乏信心，还是因为天生害羞或内向？注意团队中的被动和攻击性行为，如果团队中的此类行为很明显，则应立即制定方案来解决这些问题。

应尽可能采取协商办法，并酌情寻求资历更深和任职时间长的成员的支持，以鼓励所有成员都能够主动参加进来。团队领导应保证所有人有同等的发言机会，并在所有讨论中积极鼓励他们发表意见。

研究增加团队成员授权的方法——思考如何通过赋予团队成员更多责任来让其得到成长，并在团队会议期间为他们提供机会，让他们能不受打扰地报告和陈述职责。领导者还要帮助不积极参与的人建立信心，让他们获得被人倾听和意见得到重视的感觉。

领导者应积极听取团队成员的反馈意见，决不要形成提问即是无知和消极挑战现状的氛围。如果有坏消息，那么作为团队领导者，您需要尽早听到，而不是最晚听到或根本听不到。

团队领导应与团队成员一起确认在工作计划中团队能自行管理的项目，或者其他团队成员可以领导的项目，并对该类项目的领导方式予以认可。团队领导应经常询问各团队成员在各自角色中面临的问题，以及需要获得的新支持。

马斯洛的需求理论

团队成员的参与度取决于领导者的领导风格和对参与问题的重视程度。团队成员的参与，对保证团队的成功（和领导者的成功）来说至关重要，因为这有助于最大限度地提高每人在实现团队和组织目标方面的贡献。但关键是需要认识到参与度差的问题，并持续加以解决。

参与不足与心理安全感弱的很多特征相吻合。在很多方面，这些都是团队成员缺乏动机的明显迹象。这个问题与马斯洛理论的个人尊重需求直接相关。马斯洛认为，人们并非生来冷漠，而是因为尊重的需求未得到满足。如果因提出想法和问题而感到害怕或担心被嘲笑，这些肯定会损害团队成员的自尊。如果未能创造并提供参与平台心理安全感强的环境，不仅是领导的失败，也是对知识资本和公司资源的肆意浪费。最终会对团队效率和团队目标的实现产生不利影响。

团队领导的重点

团队领导应了解每个团队成员，思考他们所需的适当领导风格。向您的团队成员询问他们对领导的需求，然后付诸行动。要关注心理安全问题，保证所有人能畅所欲言，敢说出坏消息（如有必要），不会因害怕嘲笑而不提出问题，并保证所有团队成员都有平等的发言机会。人们天生有做好工作的动机。您听过有人早上起床并自言自语“我今天上班是为了干坏事”吗？所以，如果团队成员表现不佳，且士气和动机明显不足时，失败的很可能是组织或团队领导者，而不是个人。引用莎士比亚的一句话：“要是我们受制于人，亲爱的勃鲁托斯，那错的并不是我们的命运，而是我们自己。”您应将这句话作为解决此类问题的出发点。

第 5 节　团队实现高绩效的催化剂，是信任和忠诚度

承诺是对一个想法或制度持有的强烈信念，人愿意把时间和精力投入到自己相信的事情上。团队承诺是个体对团队的心理依恋。

“对团队的忠诚度越高，成员实现团队目标的动机就越大，团队实现目标的可能性就越大。”

—— 伦西斯 · 利克特 (Rensis Likert)

对团队的承诺是个广义的概念，包括愿意为团队付出一切、牺牲个人需求，以及对团队和任务的需求等。对团队和彼此的承诺可通过团队成员认为其相互依赖的程度来证明。真正的高效团队，团队成员会对彼此的言行充满信心。

我们不应该低估承诺在团队中的重要性，很多团队从未完全实现团队的承诺。

当风险很高时，人对团队的信心和信任的要求就会上升。例如，对攀登珠穆朗玛峰的登山队或进入火灾现场的消防队

员来说，深信自己的团队完全可依靠的感觉至关重要。虽然职场中的风险并不总是那么高，但忠诚的团队所带来的好处仍然非常重要，而且还能提高工作绩效。

我们可以给承诺贴个标签，上面写着“易碎品：小心轻放”。要让团队达到一定程度的信任和可靠性不仅需要时间，而且需要大量良好的实践。如果团队始终如一地为彼此提供服务，彼此之间的信任感将随着时间的推移持续增强。但这种信任也可能会随着时间而被摧毁。一旦这种信任感被打破，就需要付出巨大努力来重建信心，有时甚至再也无法恢复。

团队的可靠性源于团队的一些基本实践和行为。例如，以相同的方式理解任务和共同目标，真正了解每个团队成员的角色和职责，根据团队计划协调和整合个人的工作，这些实践构成了信任的基础。坦诚沟通、相互尊重、不回避困难的对话，可以在团队内部营造一种尊重氛围，有助于维护团队的稳定性。

团队领导应认识到，自己的行为对在团队中设定的基调至关重要。他们强调了团队相互依赖的重要性，并将其纳入团队运作原则中。在团队建立初期乃至团队的发展过程中，团队领导应对信守承诺的典范给予认可和奖励，同时不提倡团队成员提供领导者希望听到的答案的行为。

领导者也知道，随着团队的不断发展，承诺水平将会提高，但不要对此感到自满。如果团队成员发生变化时，高效团队领导不认为这种信任感会自然地转移到新成员身上。团队领导应积极帮助新成员形成这种信任感。他们知道，基于承诺的信心只有通过良好的实践才能获得，因此应有意识地表达并强化这一信息："这就是我们做事的方式。"

在表 14 中展现的特征，有哪些适用于您的团队？您的团队成员是否尽心尽力？右栏的特征适用于付出努力的所有团队。您的团队需要解决什么问题或做出什么改进？

表 14　团队没有承诺和具有承诺的特征

没有承诺的团队	具有承诺的团队
缺乏对团队的信心	彼此有信心
分裂成小集团	团结一致
不能妥善处理冲突	有效处理冲突
沟通中保持警惕	坦诚沟通
认为领导是无效的	认为领导是高效的
比其他团队更有压力	比其他团队更专注

（续表）

没有承诺的团队	具有承诺的团队
避免反馈	寻求反馈
重复犯错	从过去的错误中学习
误解角色和责任	了解角色和职责
形成指责他人的文化	认可他人的贡献
不兑现承诺	除非能做到，否则不给予承诺
成就更少	会付出额外的努力
很难信任别人	彼此信任
效率较低，很难取得成功	更高效，最终获得更多成功

团队和领导者需要解决的问题和采取的行动

承诺不能靠运气。以下问题能帮助团队开展对承诺的讨论：

· 团队是否营造了一种不想彼此说“不”的文化？

· 团队成员（而不是领导者）会因为未完成任务而互相指责吗？

· 团队是否有一套经过商定的运作原则？如果有，是否将兑现承诺作为关键原则？

· 远程工作会对团队造成影响吗？

· 是否存在影响效率的技能差距？

建议方法

首要任务是确保达成一致的目标，让团队成员清楚获得成功和实现成就的标准。然后，可从个人绩效、成就和人员的承诺的角度来考虑可靠性问题。确保所有团队成员都清楚团队中的相互依赖关系，清楚满足质量标准和按期交付任务的重要性。

团队领导应以领导者身份监督工作量和绩效标准，同时确保团队成员参与绩效评估，并相互遵守商定的标准。此外，应处理表现不佳的问题，向未达到规定标准的团队成员单独给予反馈。反馈对保持每个团队成员的正常运转至关重要。你会惊讶地发现，有人经常认为在做自己应该做的事情，只有通过反馈才发现事实并非如此。另外，应确保认可已证实的可靠团队成员。

此外，应召开团队会议制定团队运作章程，并将其作为团队成员的行为标准。这是团队运作原则的问题。制定此类原则非常好，但大多数团队的失败之处在于未能就违反原则的惩罚达成一致。如果团队成员不能遵守商定的原则，就必须承担后果。

团队应征询个人的意见，看看他们认为是什么在破坏团队信任，以及如何做能有助于建立信任。请给下面的这个陈述打分（分值范围是1至7分）：“团队成员在团队中完全相互信任。”1表示没有信任，7表示完全信任。讨论团队信任的一个好方法是向团队提交这句陈述，并让他们讨论团队需要做些什么才能在这句陈述上获得7分评分。这种沟通能迅速告诉团队哪些行为正在影响他们，哪些行为需要改变，哪些行为正在阻碍团队成员之间信任的培养和可持续性。

对同事充满信心是高效团队的标志。这不仅有利于全体成员，而且是一贯执行的实践和行为的结果，最初由领导带头倡导，随着时间的推移，之后由团队不断加强。

士气或动机问题

承诺是团队成员相互依赖的能力和意愿。在很大程度上，这是个动机问题，但也夹带着一点士气问题。一个人只有在认为合适且感到安全之时才会做出承诺。俗话说，牵马到河边易，逼马饮水难。人无法强迫他人全身心地投入。

承诺是个不能孤立和直接处理的概念。承诺的产生是因为士气和动机等更具体的问题已妥善解决。承诺取决于许多因素题——共同目标、热情、对未来的信心，最重要的是忠诚。产生承诺的所有因素都与士气有关。同样，鼓励创造心理安全环境的领导行为和领导的参与也很重要，这是动机的问题。团队成员只有在心理上感到安全时，才能表现出承诺，进而相互依赖和信任。

我们应该给承诺贴个标签——“易碎品：小心轻放”。要让团队获得信任和可靠性不仅需要时间，而且需要能长期践行的良好做法。

团队领导的重点

方法的一致性至关重要。团队应关注心理安全问题，确保人们能够畅所欲言，被人倾听，不因提出想法而受人嘲笑，也不会因其提问而遭受轻视，这些对于提高一个人的心理安全感至关重要，最终影响承诺。严禁剽窃他人的观点。没什么比团队成员的观点被他人盗用更能破坏信任和承诺了。

第 6 节　好的团队管理者，会主动倾听员工在说什么

沟通是指达成共识的过程，参与者交流信息、新闻、想法和感受，以表达和共享意义。“沟通”（communication）一词来自拉丁语“communicare”，字面意思是“分享”。

“当信任满满的时候，沟通就变得非常简单、快速，富有成效。”

—— 史蒂芬 · 柯维 (Stephen R. Covey)

坦诚沟通有时会令人痛苦，但从长远来看，会带来更高的效率。

如果职场中的团队出现人际关系或绩效问题时，成员通常会将“沟通问题”视为根本原因——就好像沟通是某种无形的力量（无论好与坏），让他们无法控制。

如果对自上而下进行管理的领导者的直率风格感到不满，或者认为缺乏项目信息的共享等问题，大家往往把这些状况归咎于这种“无法控制”的力量，却忽略了一个明显的事实，即团队或组织的沟通细则因被忽视、误解而无效或者

根本就没有。

沟通是个广义的术语，根据特定的语境，具有不同的定义。因此，重要的是要了解沟通的实际含义，让所有团队成员对沟通概念具有一致的理解。无论是就团队想要实现的目标而言，还是在制定和采用沟通细则及程序之前，团队成员都应对沟通概念有相同的理解。

在事关生死的救援队伍中，精确高效的沟通至关重要。如果任务或计划发生变化，采用标准的沟通信息术语是避免混淆的关键。他们会商定一系列非语言的沟通方法，并根据需求确定请求和解释的途径。他们会严格按照规定顺序进行信息沟通。这一切都是为了确保尽可能减少混淆和误解，也充分体现出沟通在拯救某人生命中所起的关键作用。这些流程不是偶然产生的，也不是在时间上的简单组合。相反，这些都是经过深思熟虑的流程，一旦达成协议，需要团队所有人接受并严格执行。

事实上，许多团队的确制定了类似上文所述的沟通方法。然而，他们没有考虑这类沟通的坦诚度问题。

坦诚沟通意味着团队成员可以自由说出想法或“实话实

说”，相信自己能被人倾听和关注，不会因说出坏消息而受到惩罚。

重要的是，如果团队成员不完全相信他们的同事能“开诚布公”和“实话实说”，则很容易破坏团队关系和效率。同时，不确定性和怀疑会影响团队内部的信任，导致无法有效整合和协调团队任务，很快就会产生以互相攻击和指责为特征的小集团现象，而且人们只会告诉对方他们认为别人想听的话。久而久之，一种风气将逐渐形成，即避免做出与绩效问题相关的富有挑战性的讨论，或不解决任何团队中自然发生的冲突问题。这可能导致团队成员产生孤立或被忽视的感觉，造成承诺和努力水平下降。

领导者在促进坦诚沟通上起着重要作用。我们有必要认识到，沟通不仅仅是分享事实和信息。为了培养坦诚沟通的风气，团队成员需要相互信任，同时团队应制定和实施政策来支持坦诚的沟通。

团队最初成立之时，沟通可能是谨慎的，并有所保留。成员可能会尝试性地进行沟通，观望团队的沟通风格，遵守领导或非正式领导有意识或无意识建立的沟通规范。这是领导者树立坦诚沟通榜样的理想时机。

随着团队的发展和成熟，信任水平将发生变化。随着时间的推移，如果团队能够对坦诚的沟通给予奖励，则可以让团队成员意识到这是团队文化的重要元素。如果这种行为未得到鼓励，或者因此受到惩罚，那么团队成员就不敢坦诚沟通。

在传统型团队中，团队成员能面对面交流，因此比其他团队类型更易沟通。依赖于电子通信模式的虚拟型团队需要制定非常高效的沟通流程，几乎应与前文描述的救援团队一样严格。拥有各种文化和语言的高度多样化团队和协同工作组，团队成员会不断变化，这为制定沟通流程的团队领导者提出了截然不同的挑战。如果团队领导能够应对这些挑战，则一定会更好地提升团队效率。

团队沟通非常重要，表 15 左栏的特征会对整体效率造成非常不利的影响。仔细查看表 15，确定您的团队是否存在下列问题。

表 15　团队无沟通和有沟通的特征

无沟通的团队	有沟通的团队
信息有所隐瞒	自由分享信息
避免给予或寻求反馈	不断提供和寻求反馈
不信任团队	信任团队
不能妥善处理冲突	能有效处理冲突
重复犯错	从错误中学习
分裂成小集团	团结一致
不能按时完成任务	按时完成任务
不清楚各自的角色	清楚自己的角色和职责
不知道自己的弱点	了解各自的优缺点
感到充满压力	处于控制中
感觉自己被低估	感觉受到重视
难以创新	愿意尝试新方法
“帮衬”绩效不佳者	有效管理绩效
效率较低，难以取得成功	高效，最终比其他团队更成功

一对一讨论的必要性

“沟通”这个词源于分享的概念。如果团队想要有效制定合理可行的沟通细则，则必须交流对沟通的看法和感受。同样，在这种情况下，团队领导应与团队成员进行一系列的一对一讨论，整理信息，然后进行小组讨论。在团队沟通细则的制定阶段，重要的是对个人的保护。一对一讨论可能会产生针对某个人非常直接的批评。因此，必须匿名提交给小组讨论。在达成一致的沟通细则时，我们应预料到，各成员可能会在违反细则时相互指责。请思考以下问题，并将其作为一对一和小组讨论的指导方针：

· 为什么人们会觉得团队成员在沟通中不够坦诚？

· 人们对有损团队利益的话会有所保留吗？

· 尽管有保留，人们是否同意这些话？

· 团队领导者是否以身作则，展示坦诚沟通的态度？

· 团队成员是否因坦诚而受到排挤或惩罚？人们是否消极地看待坦诚沟通问题？

· 人们是否认为团队成员故意保留信息，因为它被看作权力的来源？

· 团队成员是否互相猜疑？

第 7 节　合理分解团队规划，业务目标就可以轻松搞定

规划是指在实际开始之前确定如何做某事的过程，是智力行为的基本属性。

“不做准备，那就准备失败吧。”

——本杰明·富兰克林（Benjamin Franklin）

团队应意识到规划不足和过度规划的潜在负面影响。适当才是关键，团队领导应鼓励早期进行良好的沟通，讨论为实现目标所需的规划。

规划作为一个过程，不仅可以最大限度地促进目标顺利、高效地实现，而且有助于促进对目标的共同理解；规划有助于团队成员清楚自己的角色，并更好地了解其他成员的角色。规划让所有团队成员都清楚团队前进的方向，并且最重要的是，能让团队成员把握工作方案或项目的当前进度以及应达到的目标。

规划是面向未来的活动，有助于协调团队成员的工作，

协调和整合各自的贡献，并分配所需的资源和设备。如果规划与目标相适应时，团队成员会对当前正在做的事情（无论是个人还是集体）更有信心。同样，规划能使团队得到有序组织，领导者能确保基础设施到位，并为团队提供相关的指导方针。

没有适当的规划，团队就会陷入困境。虽然缺乏有效规划，团队也可能实现目标，但可能还将面临遭受不必要的挫败感、劣质产出、返工、混乱、隐性问题、客户不满，以及团队或团队领导者的声誉受损等风险。这可能会导致冲突，严重破坏团队成员对团队或其他团队成员的承诺。

规划不仅仅是确定任务、建立逻辑顺序、了解风险、分配资源、管理依赖关系，以及编制图表和报告流程。同时规划也是通过评估进行反思的重要平台。如果团队根据规划来反思其现状时，那么团队是参与性的，能理解什么是正确的，更重要的是能找出问题。这种反思为团队提供创新改进和流程的机会，包括规划流程。

采用最佳实践规划方法，将有助于团队全面思考各项工作，并提供团队成员间的沟通和向外部利益相关者报告的议程。合理规划是培养和增强团队精神的重要手段。

您的团队是否有适当的规划技巧？这里没有最佳的方法。对有些团队而言，仅周一早上的审核就足矣，而其他团队则可能需要利用高级软件部署后续工作，继续推进规划。每个团队必须确定适合他们的规划方式。无论需要的是复杂规划还是基本规划，表 16 中的特征均适用。请根据表 16 检查您的团队的当前状态，确定您需要采取什么措施进行规划。

表 16　团队无规划和有规划的特征

无规划的团队	有规划的团队
杂乱无序	专注，以成就为导向
效率低下	合理利用所有资源
压力过大	冷静，有能力
经历冲突和挫折	与他人保持更好的关系
浪费时间	有效管理时间
往往比其他团队取得的成就要少	在需要时加倍努力
不需要评估	可根据需要调整工作量
员工流失率高	团队内外部都视其为成功的团队
任务经常被遗漏	适当分配任务
出现问题时互相指责	把问题视为集体责任
难以进行绩效管理	互相认可对方的贡献
领导不力	有控制感和安全感
彼此缺乏信心	彼此更加忠诚
效率低下，难以取得成功	更高效，最终更成功

拥有规划并不表示在制定规划。只有团队为实现目标而制定适当的规划流程，才能最大限度地实现目标，并创造高绩效团队文化。

团队和领导者需要解决的问题和采取的行动

我经常询问团队是否有合理的规划，听到的回答往往是“我不知道你说的是什么意思”。显而易见，他们没有进行规划，这也意味着他们无法做出任何有效评估。团队必须做好规划，否则将无法了解团队成员已达到什么样的目标或者他们在做什么，对任何进展的评估也毫无意义。您必须要有供评估的对象。团队成员必须努力制定规划。以下问题并非详尽，却是讨论规划的良好开端：

· 团队成员对良好规划有不同的期望吗？

·是否有团队成员更注重行动，并认为规划是浪费时间？

· 如果没有对所有工作做出全面规划，会有成员感到不舒服吗？

· 领导者的规划方法是什么？

· 是否能为团队提供有效规划所需的工具和知识？

· 目标最近是否有变化，或者战略是否正在形成但未明确定义？

如果团队任务非常复杂并且相互关联，则可能需要高级的规划技术。如果团队不具备该项技能，则应寻求帮助。许多组织都有核心的项目规划人员，他们的工作就是帮助规划和管理交付过程中的复杂情况。高级规划是许多团队领导和团队成员不具备的技能，所以不要害怕或不愿意寻求支持。项目越复杂，规划要求就越关键。也就是说，如果团队缺乏规划技能，那么团队领导应采取措施培养团队成员的规划技能。

如果团队内部对要做的工作产生很多情绪化问题，那么最好聘请外部专家来帮助制定团队规划。当然，这也可能是其他团队问题的体现（例如对目标和角色缺乏清晰的认识），并且确实反映了团队环境会给人们带来心理安全问题。

如果团队成员不了解工作和资源规划的价值，可能会对规划和监督产生抵触心理。这一点应该向团队明确说明。

要让人们相信规划的重要性，则需要反复审查和调整。否则，就是为了规划而规划。

士气或动机问题

规划与对未来的信心密切相关，而对未来的信心又与团队的使命和所处的整体环境密切相关。对未来的信心是士气的一个关键方面。

团队使命是否可信、是否可实现，对团队成员来说，这非常具有挑战性和有吸引力。良好的规划对于团队成员认清此类问题大有帮助。它是否能在一段时间内（运营期）维持团队，对整个组织是否具有真正的意义？团队所做的工作对组织重要吗，是否能得到组织的认可？没有什么比对未来缺乏信心更能打击士气的了。没有规划，个人怎能知道未来会是什么样，怎能知道他们当前所做的事是否正确?

在这种情况下，规划至关重要。团队应以任务为导向。他们想采取行动和“做”事。制定良好的规划，了解团队需要实现的目标，并确定团队所要实现的成就的关键点，对树立团队的信心来说至关重要。

第 8 节　“以他人建议为导向”的团队评估管理模式

除了深入了解先前或现有举措之外，评估的主要目的是反思并帮助确定未来的变化。

“真正的才华体现在对未知、危险和矛盾的信息的判断之中。”

——温斯顿·丘吉尔（Winston Churchill）

在团队环境中，评估对保持团队的持续成功来说至关重要。评估与团队目标有直接联系，这些目标通过评估融入团队规划流程中。

但是，评估不仅仅是规划方法的一个阶段。它还要求团队评估“正在做什么”“为什么要做”以及“如何完成”等方面。这个“如何做”的问题既涉及团队合作的方法，又涉及完成任务所需的活动——这听起来是不是与前面章节的观点非常相似？

除了报告规划的进展之外，评估还有其他维度。评估还涉及一些问题，例如：为什么我们这样做？有没有更好的方法来实现目标？到目前为止，我们学到了什么？ 我们作为团队如何合作？ 我们怎样才能更好？

表 17　团队未经评估和实施评估的特征

未经评估的团队	实施评估的团队
不清楚团队的进展	准确了解团队的进展
出现意外的风险	预测风险并得到处理
不能按时完成任务	能适时调整以确保及时完成任务
犯错误	从问题中学习和创新
没有新意，被动	积极主动，充满活力
无法分清轻重缓急	重点明确，合理
不会质疑	将不同意见视为建设性意见
为活动而活动	注重以结果为导向的行动
交付不稳定	交付一致
承受高压力	比其他团队承受的压力更少
形成相互指责的文化	共同承担责任
彼此缺乏信心	相互信任和理解彼此的角色
质疑领导者的能力	信任领导
效率较低，难以取得成功	更高效，最终更成功

在讨论和评估这些回答时，我们可能会得出结论，即一切都很好，现在不需要做出改变——但这是一个必不可少的持续对话。团队中存在的许多问题就与无法评估密切相关。请根据表 17 思考并确定您的团队是否具有稳健的评估流程。

建议方法

与团队共同确定目前在评估中运作良好和需要改进的方面；确定一种适合团队任务的系统评估方法。确保团队目标明确，能推动团队规划和评估的进步。团队成员必须清楚评估的正确使用，其目的是提高团队绩效，而不是针对个人行为进行的公开批评。在同事面前指责表现不佳的员工，并不能为公司创造一个良好、健康的工作环境，也起不到鼓励团队成员充分参与到评估环节的作用。如果评估过程表明个人绩效出现问题，领导者应该一对一地进行处理。随着团队的成熟，以及其信心和安全心理的确立，团队成员自然会直接与同事解决不作为或绩效差的问题。

在团队会议上，应集体讨论最合适的团队产出评估措施。我们最好使用外部信息，例如客户满意度，作为评估团队绩效的内容之一。我们要研究现有的评估质量和评估方法，为团队选择最佳和最合适的评估方法。构建评估的专业知识需要时间，并在一定程度上需要反复试验，即如前文所述，这是随着时间的推移而获得的技能。

团队领导的重点

团队领导应与团队共同合作，选择最适合团队和团队任务及目标的评估方法。不同团队之间的评估方法差异很大，这完全取决于任务。对于有些团队来说，定期进行每周进度审查会议即可，而对其他团队来说，则需要部署高级项目规划软件以及随后的所有培训。确定了评估手段后，就必须定期进行评估。

团队的反思时间也很重要，应该至少每季度安排一次。团队必须有时间来讨论团队运营的工作方式，而不是日常操作问题。我们对目标的理解是否相同？团队成员是否清楚自己的角色？我们是在处理绩效上出现了差异吗？冲突管理风格是否适合我们？我们希望领导者有不同的做法吗？规划和评估是否合适？同样，我们需根据提高团队效率的 12 个标准来衡量这些问题。

第 9 节 认可是关键激励因素之一

认可是指表现出对成就、服务或能力的钦佩和尊重，赞赏或赞扬一项成就。

认可是接受或意识到事实、责任、问题或必要性。

“言语仅仅是言语，解释仅仅是解释，允诺仅仅是允诺，只有行动最现实。这是做生意亘古不变的法则。”

——哈罗德·杰宁（Harold S. Geneen）

有些员工做得越出色，做的事就越多，得到的支持就越少，而表现较差的人却正好相反。在组织和团队中，发生这种情况的概率有多高？从某些方面来说，这也情有可原。如果在周五晚上，客户遇到问题，忙得焦头烂额的领导会把问题交给谁？

不幸的是，当团队必须执行一项关键任务时，经常会出现这种情况。工作量分布不均，表现较好的员工负担过重，表现较差的员工却没得到充分利用。如果这种情况持续发生，则会造成许多后果。

如果表现较差的员工被允许“不受惩罚”时，团队其他成员就会下意识地将绩效标准降至最低水平，会认为不值得为获得认可而加倍付出努力。事实上，工作量分配不均，会让高效员工感觉他们因工作突出而受到惩罚。

绩效标准的降低只是后果之一。如果团队成员必须“帮衬”绩效较差的员工，而且发现团队领导对此置之不理时，他们会产生一些情绪波动。虽然他们不一定会明确表现出这些情绪，但仍会对团队成员接下来的工作行为产生影响。

团队成员可能会认为团队领导在这方面的管理不得力，继而会认为领导者在其他领域也同样不起作用。这会动摇他们对领导者的忠诚度和信任，同时也很难处理好员工和差员工之间的关系，从而影响团队凝聚力。一方面，这种情况对表现良好的员工来说是不公平的，因为他们必须承担更大的工作量；另一方面，对表现欠佳的员工也同样不公平，因为他们没得到支持以获得进步。在许多情况下，表现不佳的员工并不知道自己表现不佳，也不了解自己需要改进，或者事实上他们根本不知道自己需要改进什么。

绩效不佳的员工可能会变得孤立，产生被排斥的感觉，这种感觉会变得越来越强烈，并引发一系列新情况。

因此，绩效标准和工作量的分配必须做到公平和公正，体现团队精神；毫无疑问，这是团队效率的基准。没有公平的绩效标准，任何团队都无法最大限度地提高效率。

您的团队是否有不被认可的团队特征？如果有，则必须紧急解决问题。请根据表 18 检查您的团队情况。

表 18　团队不被认可和被认可的特征

不被认可的团队	被认可的团队
士气低落	动机强
很难培养团队精神	展现良好的团队精神
工作重复，任务会被遗漏	最大限度地利用资源
难于创新	处于学习型环境中
很难彼此依赖	高度信任
缺乏团结一致的努力	专注于团队目标
难以按时完成任务	提高生产力
倾向于独立工作	相互支持
工作达到最低处罚水平	加倍努力工作
较少参与	感觉到领导者的支持
扼杀和破坏沟通	坦诚沟通
做他们认为最重要的事情	了解他们的角色和他们在做的事
易让冲突变得针对个人	更有效地管理冲突
效率低下，难以取得成功	高效，最终更成功

团队和领导者需要解决的问题和采取的行动

无论您是否使用正式的绩效管理系统，或者即使您作为团队领导者，但并不是最终负责正式绩效管理的人（通常项目型团队是这样的），您也必须向团队成员提供绩效反馈——按优秀、一般和差绩效进行反馈。根据我的经验，人们希望得到反馈，而且越及时、越有规律的反馈越好。

· 团队是否形成仅认可良好绩效的文化？

· 绩效不佳是否归咎于领导而不是团队的责任？

· 团队领导和组织是否厌恶与绩效不佳的员工打交道？

· 表现差的员工是否只能做出最低贡献，而表现好的员工却要承担更多的工作？

· 团队是否对优秀的、一般的和差的绩效做出定义？

· 团队领导者是否会树立榜样，鼓励员工对自己的表现进行积极反馈？

团队应采用各种方法来认可团队成员的贡献。这通常体现在一些细节上，例如多说“谢谢”。但注意不要做得过火，否则积极的认可将变成陈词滥调，失去作用。永远记住，认可不仅仅涉及积极的反馈。认识和处理绩效欠佳的问题也同样重要。假如给予的都是积极反馈，团队成员却看到绩效较差的员工继续逃脱处罚，那这种反馈又有什么价值呢？因此，认可需要达到平衡，如前所述，提供反馈是项需要学习和培养的技能。

士气或动机问题

未能认识和处理优秀、一般和差这三项绩效之间的差异，是造成团队成员工作积极性变低的消极因素之一。如果说团队领导有最大影响力的方面，我认为就是认可的问题。认可关系到前文所述的所有要素和士气问题，它与动机理论在各方面都有密切的联系。绩效认可涉及以下各项关键要素：

· 弗鲁姆——工具性概念，就明确理解绩效和结果之间的关系而言，没有良好的认可实践是不可能的。

· 莱瑟姆和洛克——目标设定理论在很大程度上取决于将反馈作为激励动机的手段。

· 赫兹伯格——将认可视为五大关键激励因素之一。

· 马斯洛——自尊需求取决于高自尊和他人的尊重，其中包括他人的认可。

为了有效管理反馈，请考虑“年轻一代”的需求，他们寻求的是指导而不是监督，寻求与许多同行、领导者互动的同事关系和机会，而不仅仅限于单一的领导或传统的小团队。他们希望领导者在小组环境中工作，而不是高高在上地进行指导。同位式结构意味着有更多机会获得定期的和非正式的反馈。他们需要的是实时、简要而频繁的反馈。这种即时反馈的需求最好通过每周的沟通来实现，无论是通过聊天论坛、团队视频会议还是面对面的会议。“年轻一代”想要一种目的明确的人际工作关系，而定期的、非正式的核查是关键要素之一。这在领导者与其团队成员处于开放和协作的团队文化环境中是可能的。而传统的上下级管理方法不适于这种类型的沟通。

第 10 节　把冲突转化为团队创意的源泉

冲突是指个体之间或群体之间的积极分歧，以及思想、利益和意见的对立状态造成的摩擦与不和谐。

“冲突是难以避免的，但是因冲突而引发的攻击，却是可以避免的。”

——马克斯·卢卡多（Max Lucado）

冲突到底是利还是弊，最终取决于冲突的处理方式。

冲突的定义很多，包括处于战争、思想之间的对立状态，处于分歧、争论或仅仅是两个安排之间的冲突，如工作日程的冲突。它也可被称为不和谐、争论或分歧。

在团队中，冲突通常是指讨论如何做事、谁应做，甚至该怎么做时产生的不同意见。团队成员之间不同的价值观、目标、观念和期望都会导致冲突。

根据团队（尤其是团队领导）解决冲突的方式，可能会造成消极的结果，如前文提到的不和谐和冲突，导致压力、焦虑的产生和生产力下降，但也可能会产生积极结果，从而提高生产力，提高流程效率或带来产品和服务创新。

人们在执行非常规任务时，会因工作方法和任务的优先顺序不同而产生冲突。这在新团队或刚刚组建的项目型团队中很典型。

如果冲突的焦点是任务而不是针对个人，往往不会导致（内部）个人冲突。这种冲突可能是一种积极的现象，能在同事间产生积极向上的讨论，促进团队找到最合适的前进方式。团队成员在达成一致意见后，将探讨个人观点、意见和方法，并在大多数情况下，根据最终的讨论结果达成较好的解决方案。

操作程序、参与规则以及对团队成员的角色分工，常会引起某些流程冲突。这是成熟团队的一个特点。流程冲突的重点不是任务本身，而是任务的管理方式。

这种类型的冲突集中在流程上而不是个人问题上。虽然从理论上来说，这不应导致人际冲突，但如不及时处理，则可能更易导致人际冲突。如果想从流程冲突中获得积极的结果，则需要领导者的介入。与任务冲突一样，这类冲突一旦达成和解，往往可以得到有效控制。

当团队成员发现或遭遇不平等或分歧时，则会产生团队内部冲突。如果团队中的个人目标与团队目标不同，安排团队成员的职务和给予奖励未做到一视同仁，则可能出现这种冲突。在成员之间争夺稀缺资源的情况下，也会出现这种冲突。

团队内部冲突的特征是团队成员之间产生不平等和不受约束的竞争，这不可避免地导致人际冲突、猜疑和不信任。烦琐的议程会影响团队目标的实现。这种情况在新成立的项目型团队和协同工作组中尤为明显，但在传统型团队中则不太明显。

社交冲突与团队领导能力低下有关，如领导控制过度、禁止讨论、任务分配不均、会议效率低下、过分依赖少数人以及明显的偏袒等。社交冲突是不安全心理环境的特征。

社交冲突会导致不满、误解、沟通不畅、遭遇不公对待、被孤立和排斥。这种冲突与（通常）专横的领导相结合，会埋没团队成员的创造力，扼杀创新。

主动解决冲突的策略包括建立完善额团队工作准则，明确规定冲突处理方案，并制定团队成员的沟通标准。同时，团队还需要定期检查此类协议的持续执行情况。在检查过程中，应根据情况修订协议，以适应人员关系的变化和发展，这是任何成熟的团队都应具备的特征之一。

个体成员过于张扬个性确实会激怒或惹恼其他团队成员，在具有不同文化背景的团队中尤其明显。因此，团队应制定团队运作准则，尽量减少上述冲突可能发生的概率，并最大限度地创造机会，以培养良好积极的人际关系，这些措施将有助于缓解冲突。

最重要的是，团队领导者必须创造出让人有较强心理安全感的环境，让团队成员感受到重视并能随时表达观点，让他知道自己能被认真对待。

在团队工作中发生冲突是非常正常和自然的事情。冲突是不可避免的，部分讨论和意见分歧还能产生新想法及新的做事方式。正如我之前所说，冲突不是问题，问题来自管理冲突的方式。

团队领导需要鉴别可能出现问题的冲突类型。他们应了解冲突的来源和性质，有效设计的替代方案/妥协方案和解决方案，以达成和解并找到最有成效的前进方向。

领导者还须认清一个事实：并非所有冲突都能得到令所有人满意的结果。如果这种解决结果成为唯一选择时，我们应接受分歧，尽管很难做到这点。然后，应由团队领导来决定前进的方向，并向团队成员解释这样做的理由。

如果管理得当，冲突会带来创新，但激烈的冲突会导致不良的情绪状态，分散团队成员对手头任务的注意力。领导者是团队中具有合理解决冲突等管理技巧的人。这是领导力应该具备的关键技能之一。如果出现日常任务的冲突，并造成关系及矛盾（针对个人化）的激化，则是团队领导的失败。请根据表19来衡量您的团队。

表19　团队未进行冲突管理和进行冲突管理的特征

未进行冲突管理的团队	进行冲突管理的团队
人际关系不好	拥有积极的环境
经常不理智和失控	以理性的方式处理冲突
认为问题是绩效的障碍	视意见分歧为机遇
一叶障目，不见泰山	不断创新
费力完成常规任务	总是有时间处理新任务
成员之间很少或根本不信任	相互依赖，相互信任

（续表）

未进行冲突管理的团队	进行冲突管理的团队
努力应对新挑战	能从日常任务中得到放松
形成相互责备的文化	承认彼此的贡献
不允许成员完全参与	渴望参与创意
人员流失率高	留任率更高，并从中受益
表现沮丧和压力	将精力放在实现目标中
处于不安全的心理环境	鼓励分享想法和意见
对领导失去信心	具有良好的领导能力
效率低下，难以取得成功	高效，最终更成功

托马斯和基尔曼（Thomas&Kilmann，1974）确定了应对冲突的五种基本方式：竞争、适应、避免、合作和妥协。这五种都是回应冲突的方式，但我们往往有首选的或固定的回应方式。对所有冲突只做单一反应并不是件好事。与领导风格一样，每人都需要根据情况以及冲突的性质和重要性调整应对方式。我们在选择一种应对冲突方式，以便循序渐进处理团队内部冲突时，不仅了解整个团队对冲突的倾向，还要了解团队成员的风格。我们最好从解决以下问题开始：

· 团队是否回避差异？

· 团队是否认为冲突是对他们的负面反映？

· 团队是否了解自身或组织的冲突根源？

· 团队是否接受过冲突管理培训？

· 团队角色是否会导致冲突发生？

让团队了解他们的冲突管理风格，学会赏识其他风格，并采取灵活的冲突管理方法，我们可运用托马斯和基尔曼的冲突工具模式，帮助个人理解冲突的本质和他们对冲突的反应。这是一种非常有用的方法，可激发团队内部的讨论，从而为团队带来一致同意的策略。

在所有讨论中，尤其是冲突讨论中，应确保团队讨论不会被一两个“响亮的声音”所主导，却使得其他团队成员没有充足的发言机会。

第 11 节 了解彼此并能优势互补，团队是门平衡的艺术

组成是指事物各个部分的组合和排列方式，由各种要素组合而成。

“团队的力量关乎每个成员。每个成员的力量铸就团队的力量。”

——菲尔·杰克逊（Phil Jackson）

平衡的团队意味着成员了解彼此的优势并能互相弥补不足。

建筑行业有句名言，即“形式服从功能”。换句话说，我们不会先修大楼，然后再决定其功能。我们不可能修建一个多层停车场，却指望把它当作医院使用。

就团队的组成而言，“功能”是指团队的目标或目的，而“形式”是指成员的数量，以及成员具备的技能和能力。

说起来可能很简单，但团队的组成问题绝对不容忽视，需要定期审查。令人惊讶的是，有的团队甚至无法就团队的组成人员达成一致——例如，哪些人可以成为团队成员。一

项针对 100 多个高管团队的调查表明，仅有不到 10% 的团队对其团队的实际成员表示认同。这在虚拟型团队中（许多组织日益增长的形式）尤其常见。在虚拟型团队中，“成员蠕变”情况实际上会使团队陷入瘫痪。

团队规模也是重要因素。根据我的经验，最佳团队规模应是 5 至 10 人。如果数量大于 10 人，则通常应是两个或多个团队，而不是一个团队。常见错误之一就是将部门视为一个团队，而事实上这是由多个团队组成的，每个团队都有各自的领导和目标，也有各自的挑战。团队越大，就越难集中精力处理成员的关系和相互依赖的关系。如果团队成员的关系和相互依赖性（随着新成员的加入，这类关系会愈加错综复杂）未处理妥当，团队就可能濒临失败的危险。请根据表 20 确定哪些是您的团队的显著特征。如果普遍存在左栏的情况，您可能需要从整体或局部思考团队的组成问题。

表 20　团队组成不合理和组成合理的特征

组成不合理的团队	组成合理的团队
缺少凝聚力	专注于完成任务
沟通困难	建立有效的内部和外部沟通
不清楚自己是否具备实现目标的技能	了解自己的技能差距，并计划弥补
出现混乱	能做出规划，按照顺序安排优先事宜
总是不能按时完成任务	期望按时交付
加班更多	第一时间把事情做好
员工流失率更高，进一步影响配置	留任率更高，因为成员们在一起会有更好的表现
压力增加	士气佳
无法满足自己和客户的期望	往往比预期更好
无法确定合适的领导风格	团队成员间的信任度更高
缺乏创新	互相激励，以寻求更好的方法
犯的错误更多，也很难从中吸取教训	从错误中吸取教训并坦诚交流教训
不能建立共同责任制	期望彼此履行职责和承担责任
效率较低，很难取得成功	更高效，最终更成功

2002 年，《哈佛商业评论》发表了一篇名为《企业家为何不扩大规模》（“Why Entrepreneurs Don’t Scale”）的文章。文中阐述，一旦经历了创业阶段，团队就需要不同的技能和不同的态度，而失败的企业家无法摆脱他们对创业初期团队成员的感情。

团队领导的重点

团队领导必须确保了解团队成员的品质和技能。对成员的角色和职责进行分配，应能最大限度地为团队带来回报。如果团队成员认为许多同事未达到规定水平，那么能力更强的成员可能会因承担更多的任务而有种受惩罚的感觉。前文提出的认可的概念，对团队领导者来说至关重要。

团队领导应根据需要对团队成员提供指导。例如：应在早期支持新成员，不要让他们随遇而安；应将弱势成员培养成为竭诚奉献的团队成员；应争取获得能力较强和任职时间较长的团队成员的帮助，以支持这项工作；与团队共同促进角色的清晰，让每个成员清楚自己对团队的贡献，了解自己应做什么，以及具备什么样的优势；鼓励团队成员讨论自己有哪些技能未被利用或不为其他成员所知，自己有什么弱点，在哪些方面需要帮助。这种实践很有效，可对团队和所有团队技能的利用产生重大影响。但这是一项具有挑战性的任务，在第一次实施时，最好应由一位强大的外部协调人进行协助。

第12节 找到最适合团队的组织方式，成员就会追随你

组织是指为了实现共同目标，互相协作的一群人按特定方式组合成的结构。

“球队成功的关键是整个球队在比赛时就像一个人一样。你的俱乐部也许拥有世界上最好的球星，但如果他们不能齐心协力打比赛，这个俱乐部就一钱不值。”

——贝比·鲁斯（Babe Ruth）

这里说的“组织”是动词而不是名词。缺乏组织的团队会给公司造成很大的压力。

团队中有效合理的组织很大程度上取决于团队完成目标、团队内部完成工作的相互依赖程度和团队规模。团队领导要为团队提供最有效的组织，不仅要考虑上述因素，还必须评估团队成员的能力、成熟度和生产力。这也与适当的团队领导行为、领导能力直接相关。

实际上，组织涉及团队效率的所有要素。组织不是发布

命令和控制团队成员。团队应根据他们的情况、目标和任务以及相互依赖性，确定最合适的管理方法。这涉及如何找到合适的流程，为团队协作和完成任务提供最有效的方式。

团队必须不断审视团队的组织方式，采用各种方法，改进管理、控制和组织实践以满足团队工作需求，并在团队成熟时继续保持同样的行动方式。

您的团队组织得怎么样？请思考表21中的特征，并做出适当调整。

表21　团队组织不当和组织合理的特征

组织不当的团队	组织合理的团队
似乎从不自信	做事充满信心
让任务变得更困难	让复杂的任务看起来简单
未构成统一战线	有共同的方向感
在出现问题之时却未发现问题	尽早发现问题并予以处理
似乎没有控制权	压力小，看起来沉着冷静
往往需要“帮衬”绩效差的员工	付出的努力体现更多的公平性
对彼此的需求不太敏感	认识到彼此的限制

（续表）

组织不当的团队	组织合理的团队
旷工率和员工流失率较高	更稳定，流失率减少
很难进行绩效管理	能够有效地管理绩效
很少按时完成任务	按时完成任务
不能充分利用资源	更充分地利用资源
成员的动机不强	创造激励动机的条件
沟通效率低下	积极参与
效率较低，难以取得成功	更有效，最终更成功

组织良好的团队由具备合适技能的人员组成，他们可以冷静而自信地在促进生产力和效率的环境中正确完成工作。这类团队成员往往士气高涨，看似复杂的任务和工作在组织良好的团队中可以被轻松搞定。

团队领导的重点

团队领导应与团队成员讨论组织方式，询问他们对组织的看法是积极还是消极的。如果被问及，他们会坦诚相告——但您必须问他们。在团队交流中，应探讨这些问题以及团队在组织方面的需求。

制定关键的工作流程。查找团队成员中是否有角色重叠、潜力没有被发掘出来以及在工作是否有重复劳动的现象。审查所有的工作角色，确保相关团队成员的全部技能得到合理运用。

团队领导还应思考其他问题，比如加班的问题。领导首先应该反思——为什么要加班？可以通过对资源和任务的更好组织来减少加班吗？或者说，人员和/或设备以及完成工作所需的工具方面是否出现资源不足的情况？如果在反思过程中看到了自己的团队与组织良好的团队之间的差距，请及时制定弥补措施。

相信不用费多长时间，您所在的团队就会在这一系列的改造过程中不断升级、改良，最终成功跻身最强10人以下高效小团队的队伍当中。